A A A

a a a

A a A a

Ee

E E E

e e e

Ee Ee

E E E

e e e

E e E e

L l

Ll

L L L

l l l

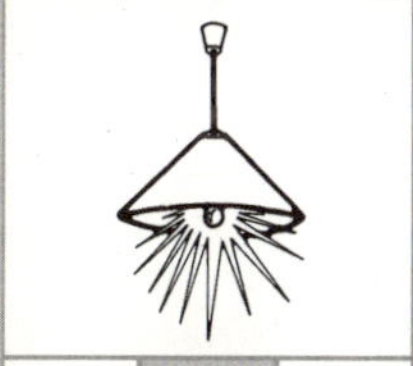

L l

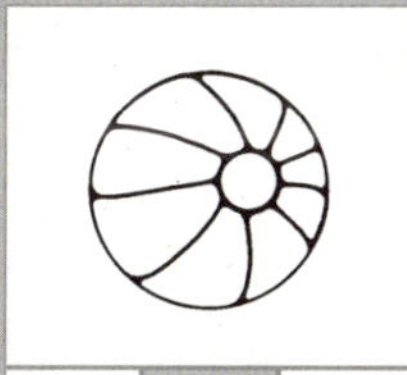

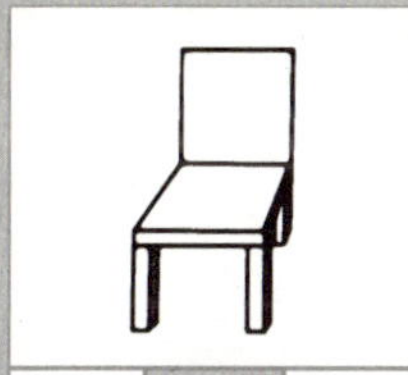

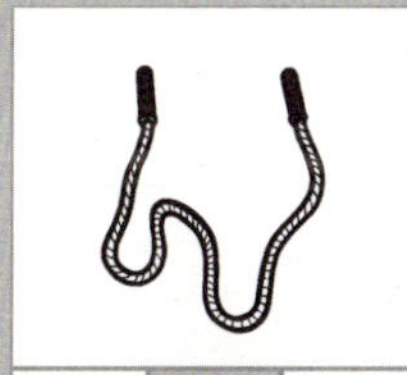

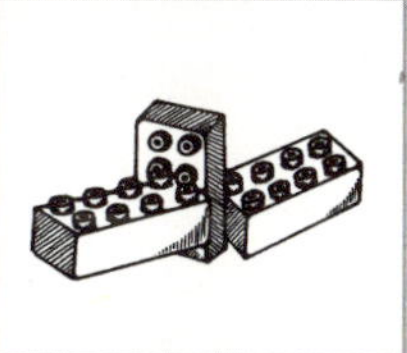

L l L l

T i N i j T T
H ł j
i
Z N ł l H Z j
L j
H L
L Ź
T i l l
ł l Z
l L
i L l j l
ł
i T
T N L l
i H j
ł
Z L
i T
H H j H
Z N
z
j N H
N
T N
z N
Z
ł ł
ł
z Z

Mm

M m

M M M

m m m

M m M m

Mm Mm

Mm Mm

Mama Mama

O o

Oo

O O O

o o o

Oo Oo

O o O o

O o O o

 Oma Oma

Ff

F f

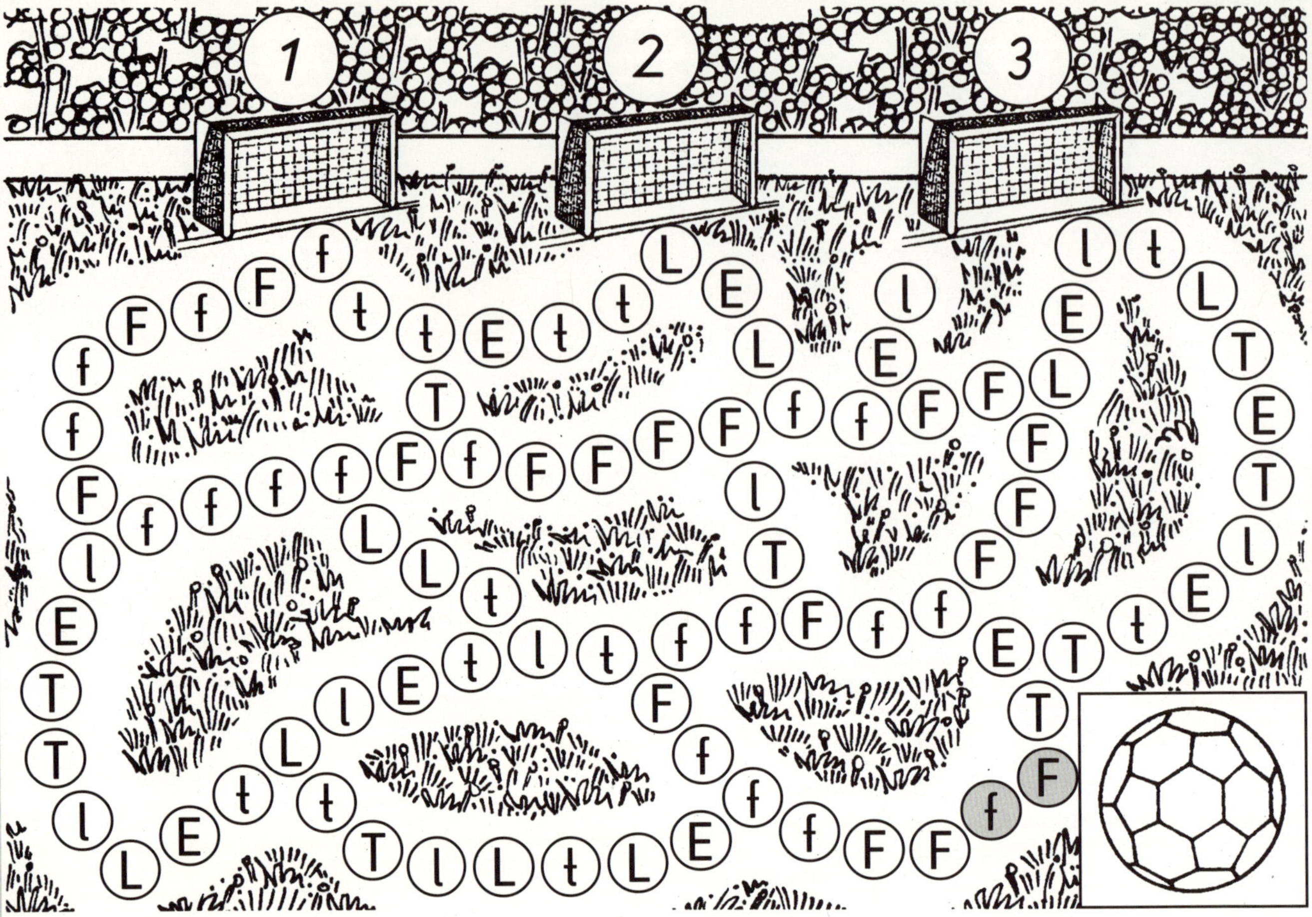

Ff Ff

Fee Fee

Affe Affe

U u

Uu

U U U

u u u

U u U u

U u U u

U u U u

Ufo Ufo

S s

Ss

S S S

s s s

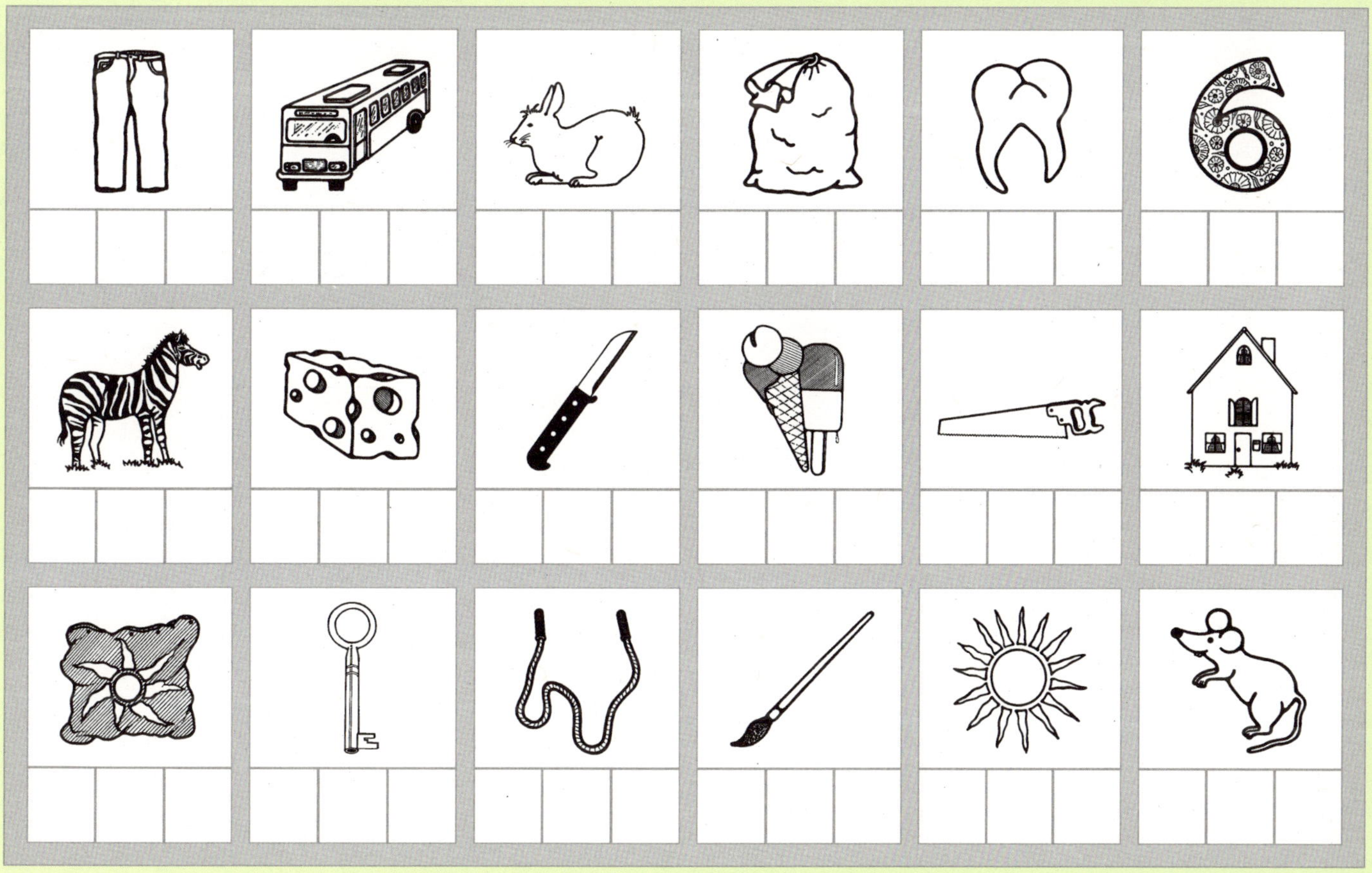

Ss Ss

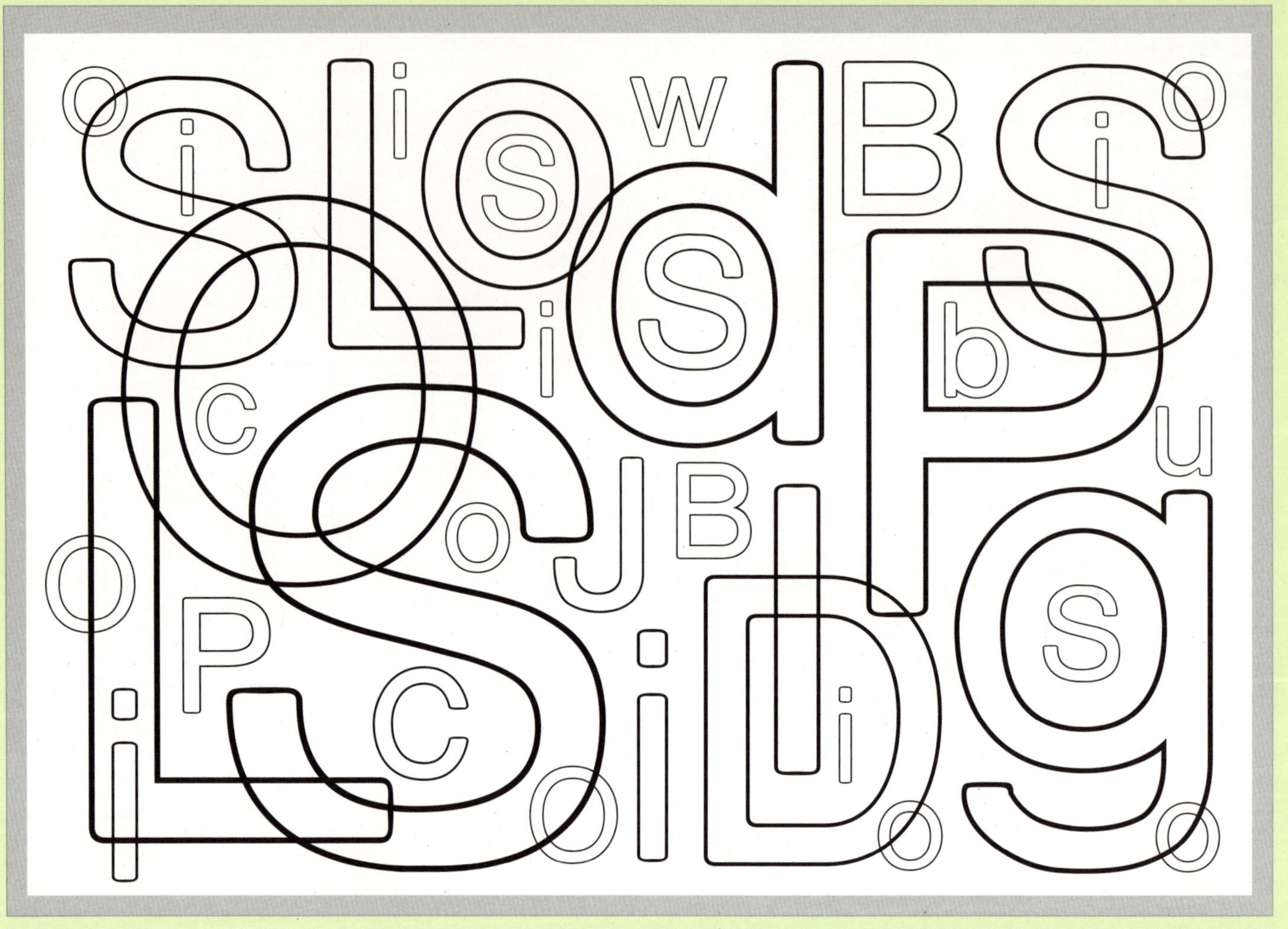

Ss Ss

 Sofa Sofa

 Sessel Sessel

 Esel Esel

Rr

RR R

rr r

Rr Rr

Rr Rr

Rose Rose

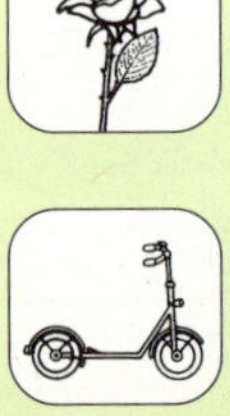

Roller Roller

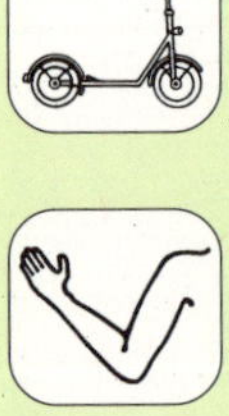

Arm Arm

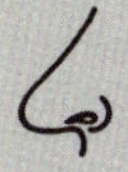

Nn

N n

1 2 3

1 2

N N N

n n n

   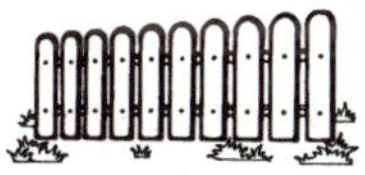  

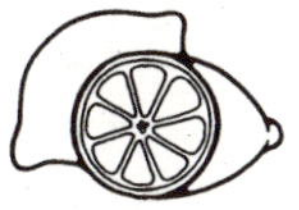  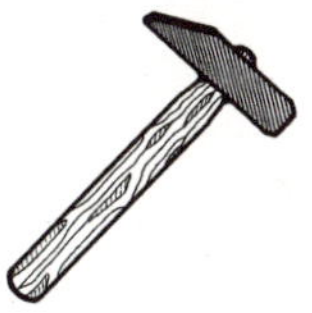 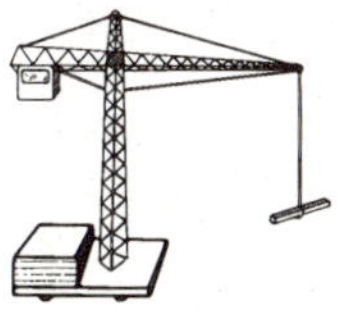 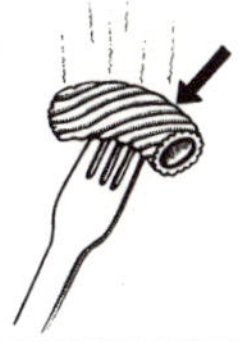 

 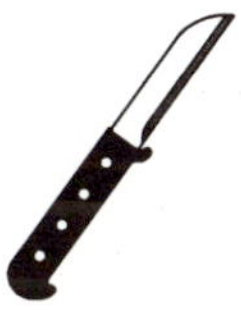    

Nn Nn

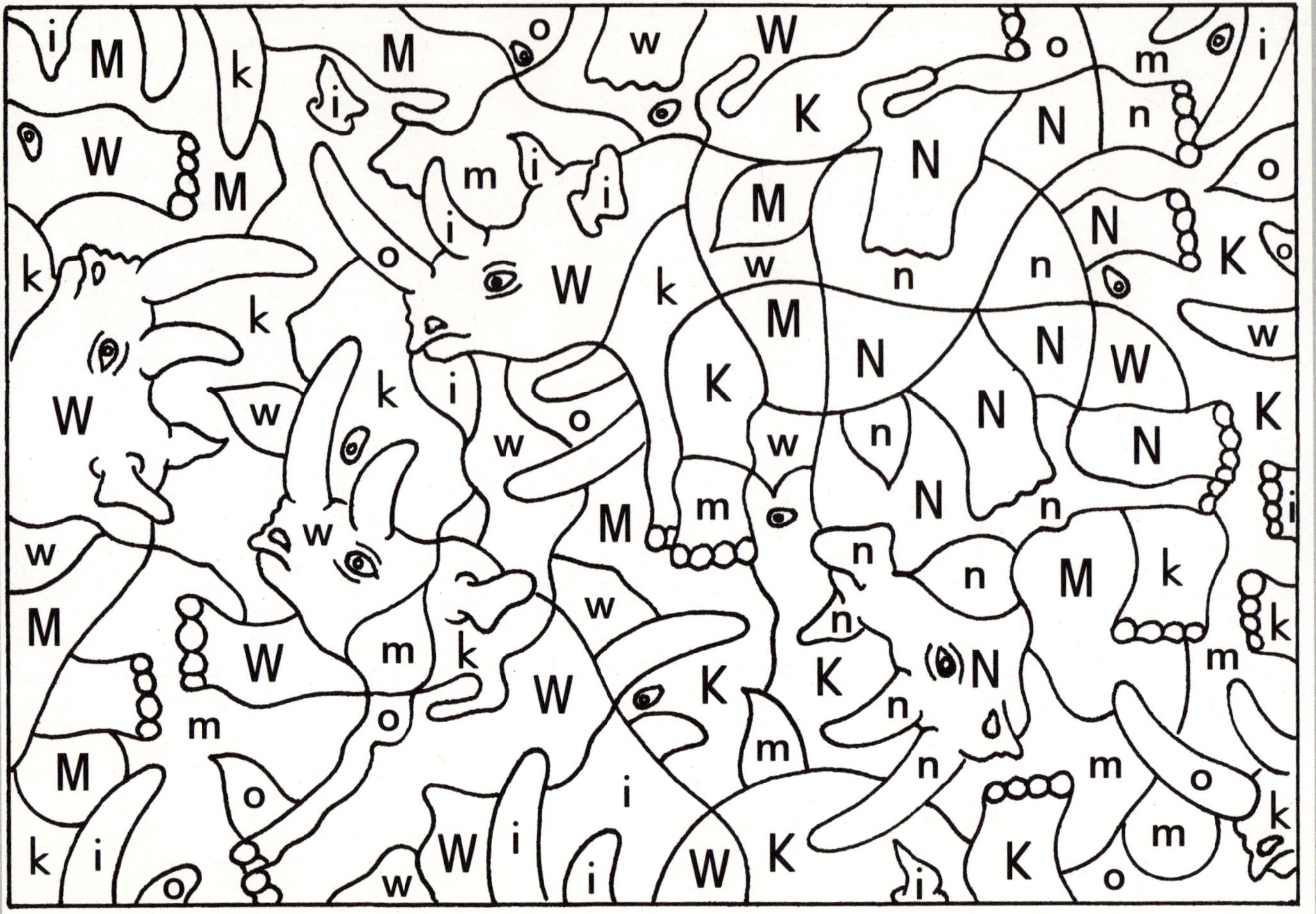

Nn Nn

 Nase Nase

 Nuss Nuss

 Ofen Ofen

Ii

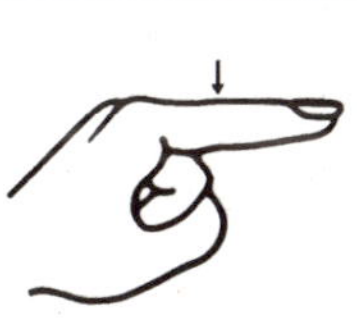

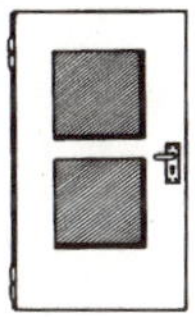
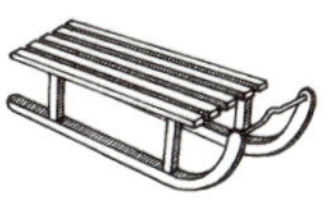

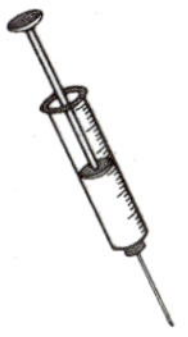

Ii Ii

 Insel Insel

Linie Linie

Lineal Lineal

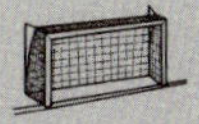

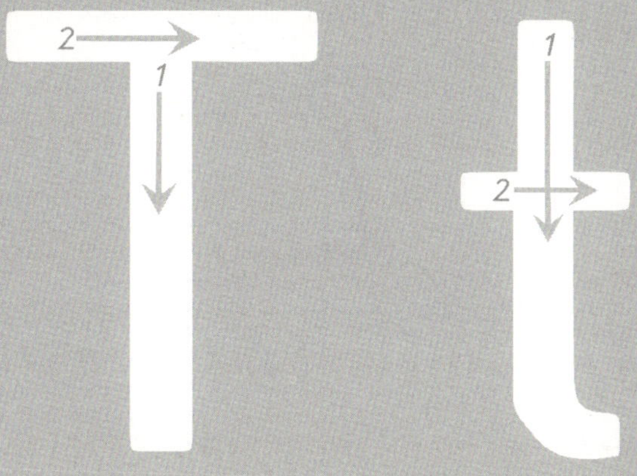

Tt

Tt Tt

Tor Tor

Turm Turm

Ente Ente

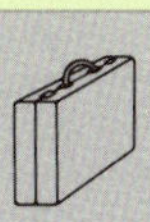

Kk

K K K

k k k

K k K k

Kk Kk

Kekse Kekse

Kran Kran

Krake Krake

Ei ei

Ei ei

Ei Ei Ei

ei ei ei

Ei ei Ei ei

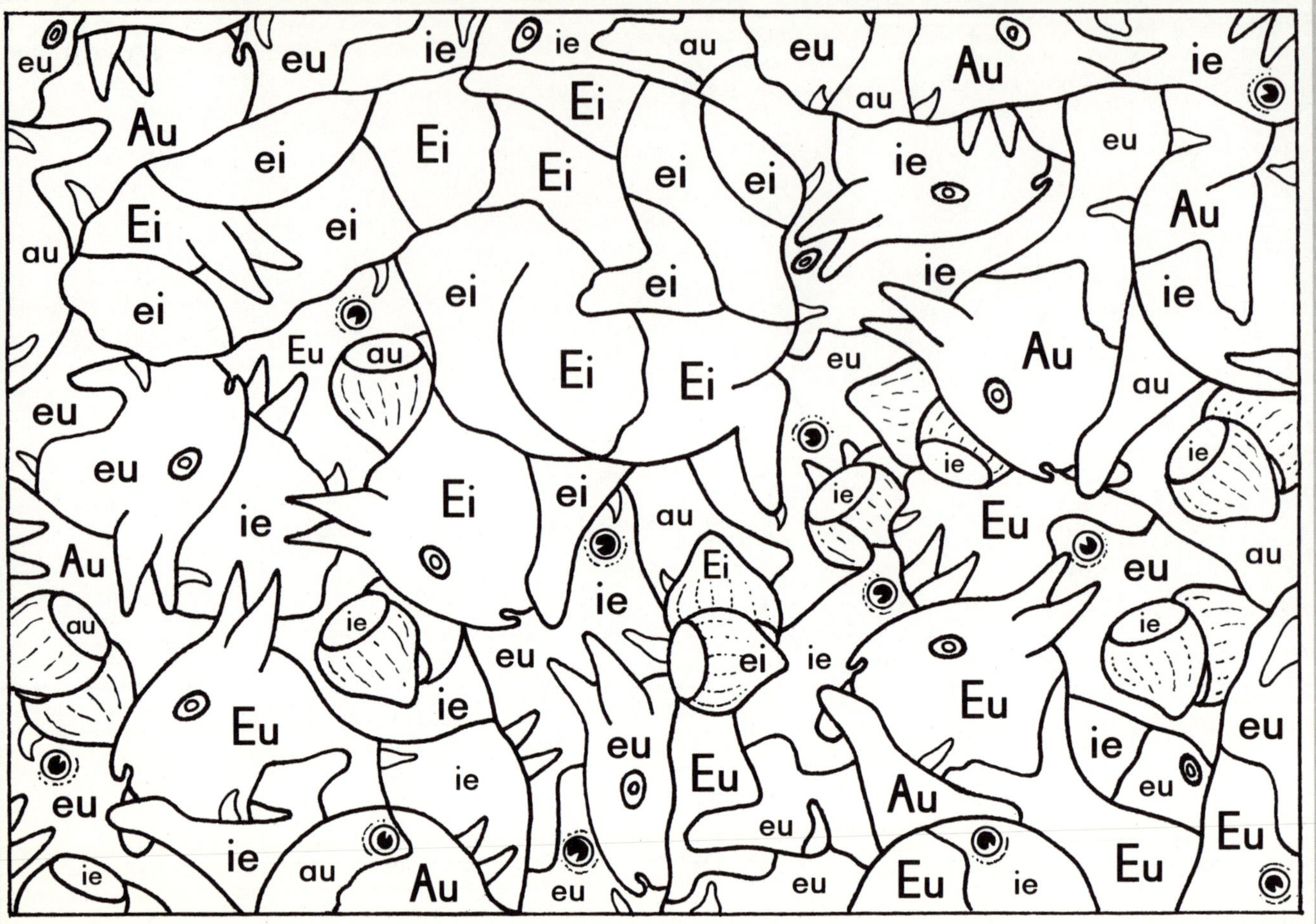

Ei ei Ei ei

Eis Eis

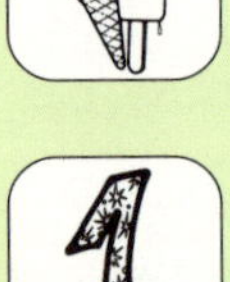

Eins Eins

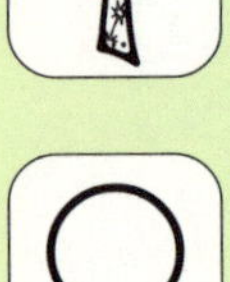

Kreis Kreis

Au
au

Au au

Au Au Au

au au au

Au au Au au

Au au Au au

Auto Auto

Maus Maus

Frau Frau

Eu eu

Eu eu

Eu Eu Eu

eu eu eu

Eu eu Eu eu

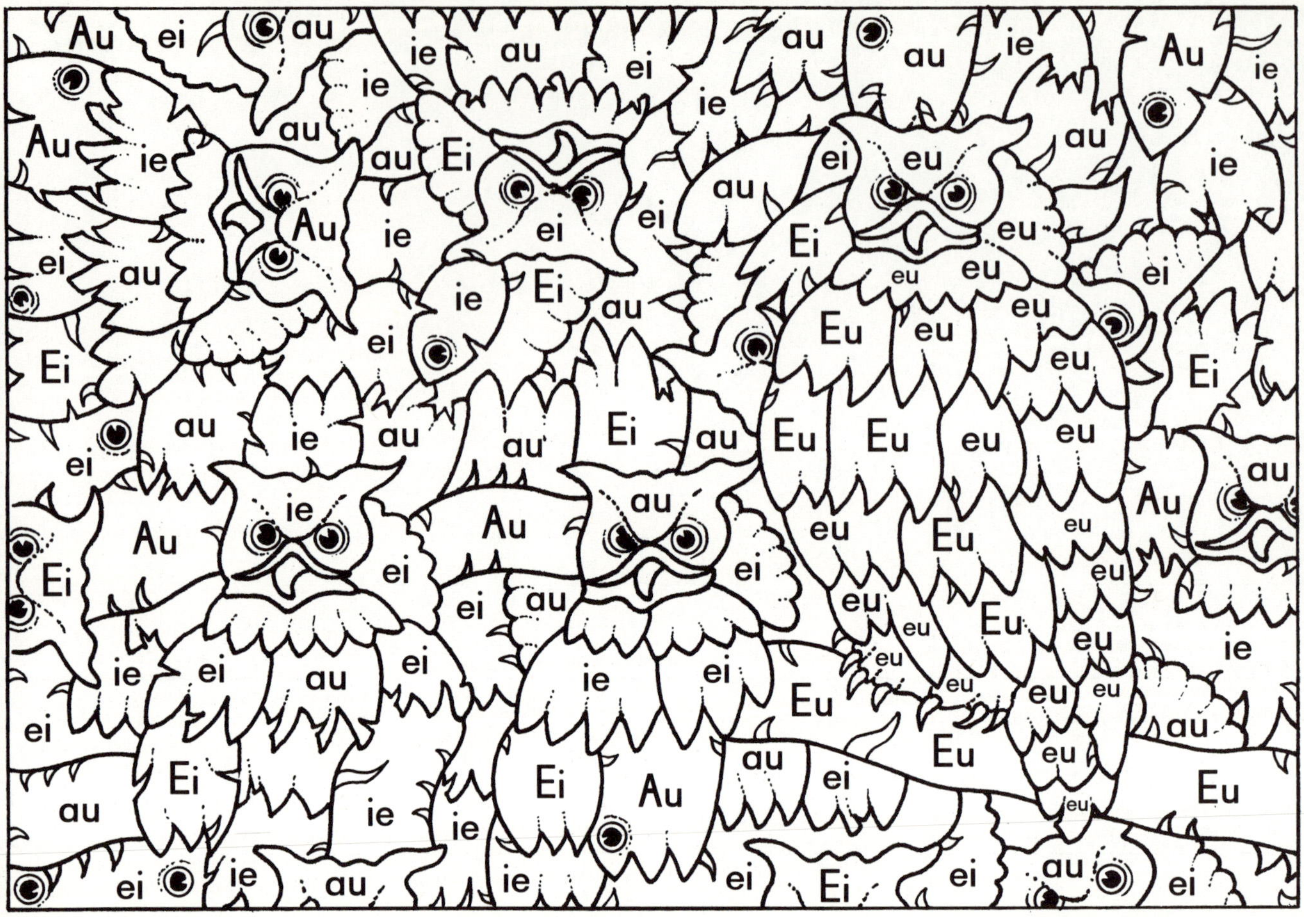

Eu eu Eu eu

 Eule Eule

 Euro Euro

 Neun Neun

W w

W w

W W W

w w w

W w W w

Ww Ww

Wal Wal

Welle Welle

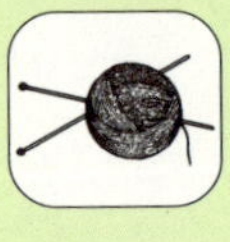

Wolle Wolle

D d

Dd

DD D

dd d

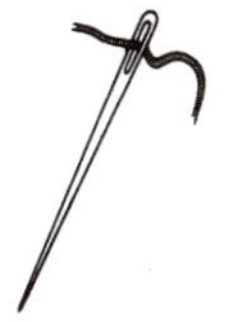
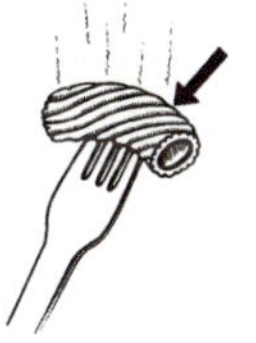
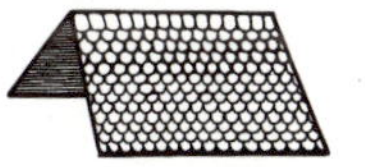

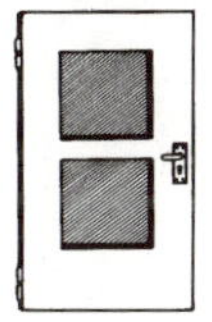

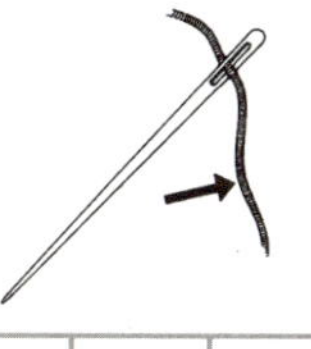
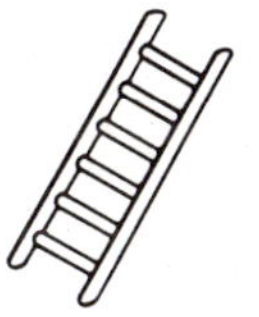

Dd Dd

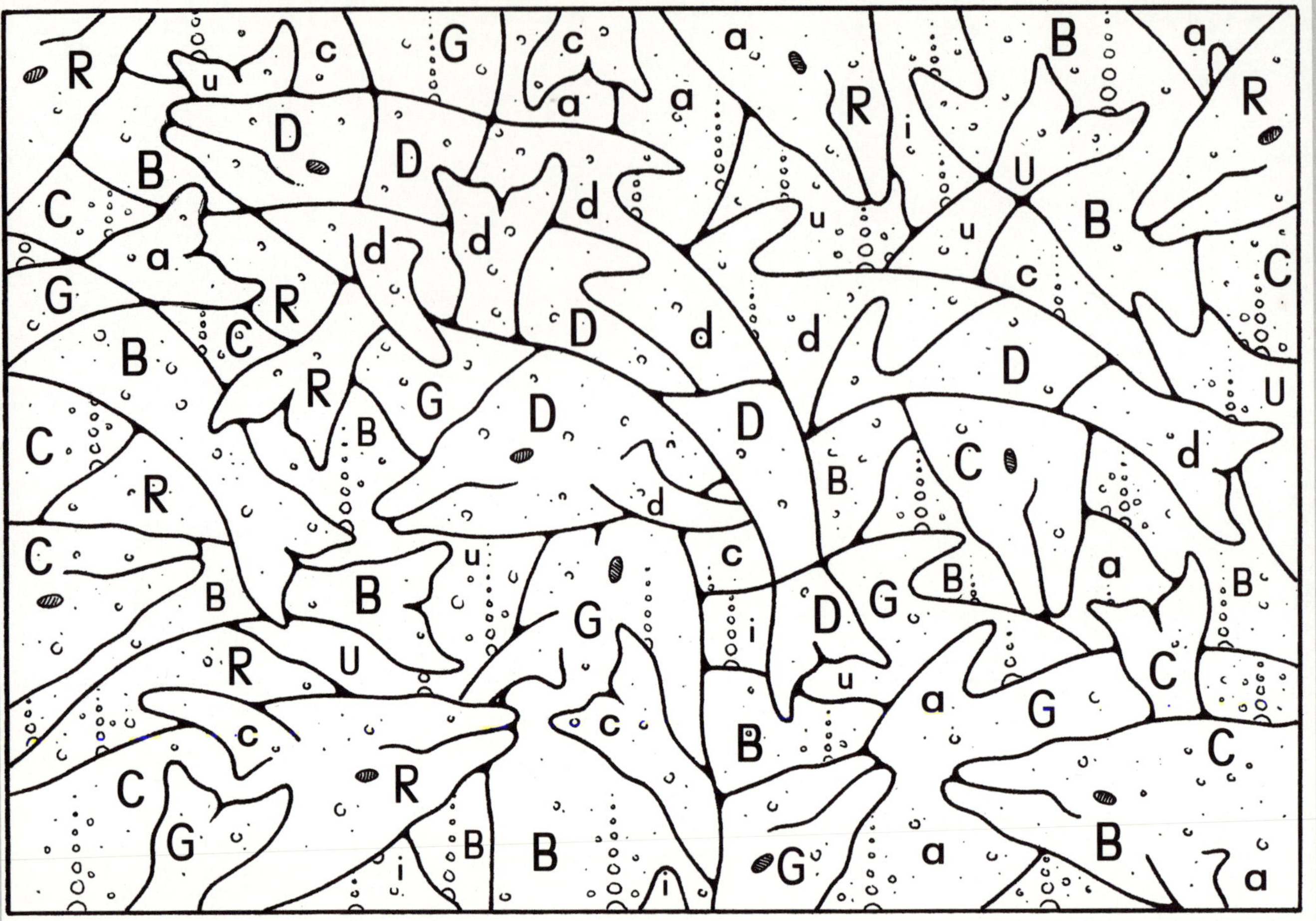

Dd Dd

 Dino Dino

 Drei Drei

 Radio Radio

Sch
sch

Sch sch

Sch Sch Sch

sch sch sch

Sch sch Sch sch

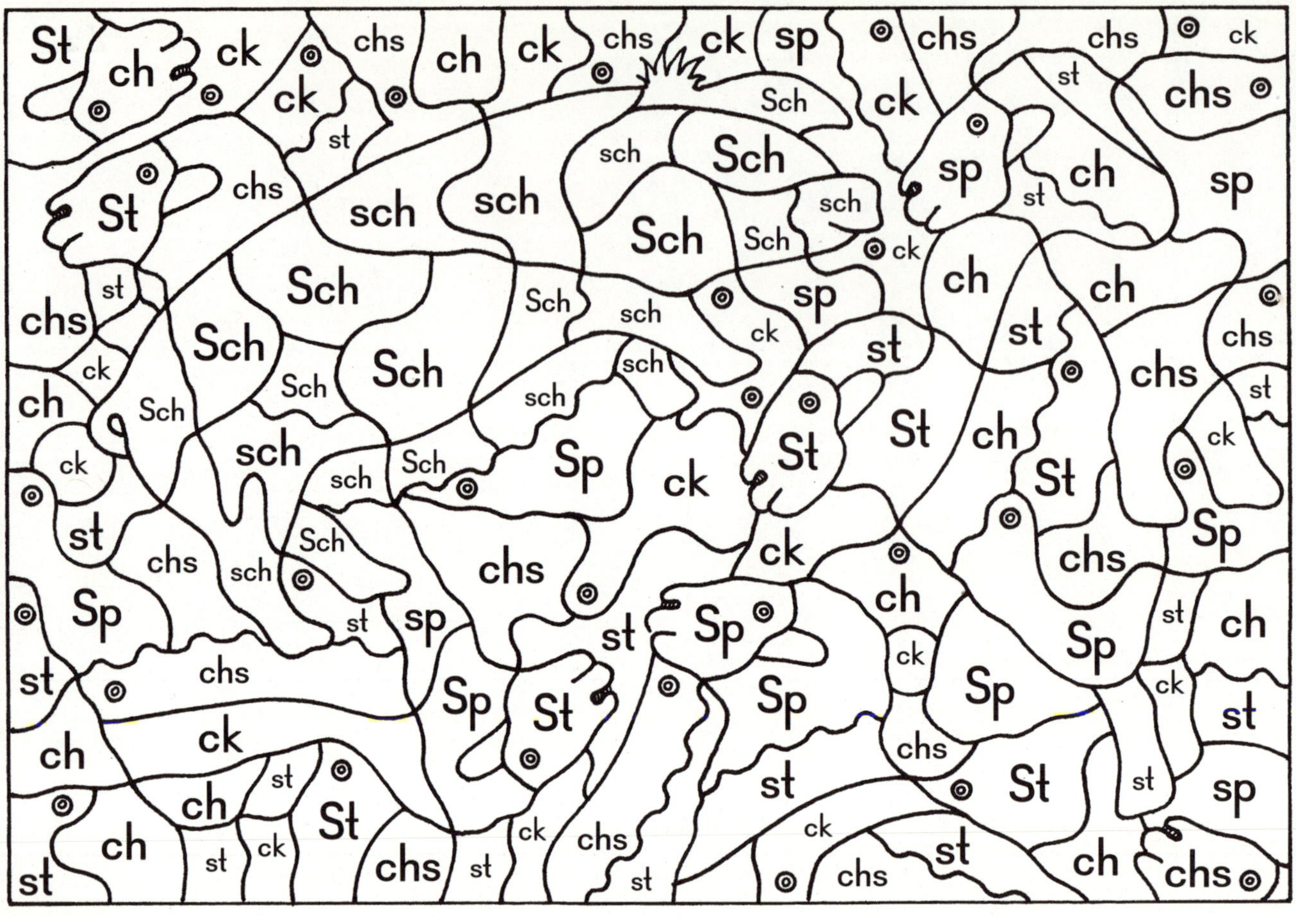

Sch sch Sch sch

Schaf Schaf

Schal Schal

Fisch Fisch

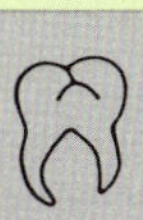

Zz

Z Z Z

z z z

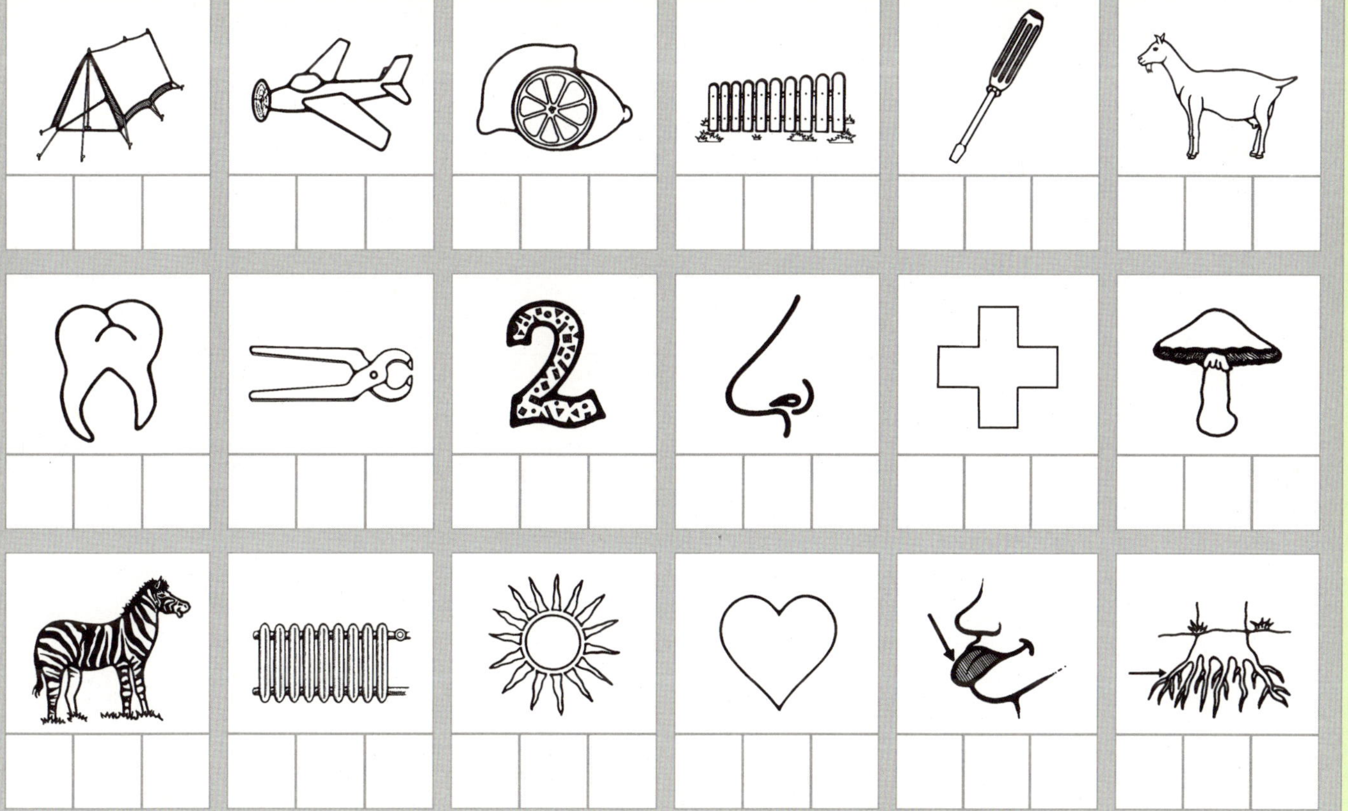

Z z Z z

Zz Zz

 Zaun Zaun

 Zelt Zelt

 Kreuz Kreuz

St st

St st

St St St

st st st

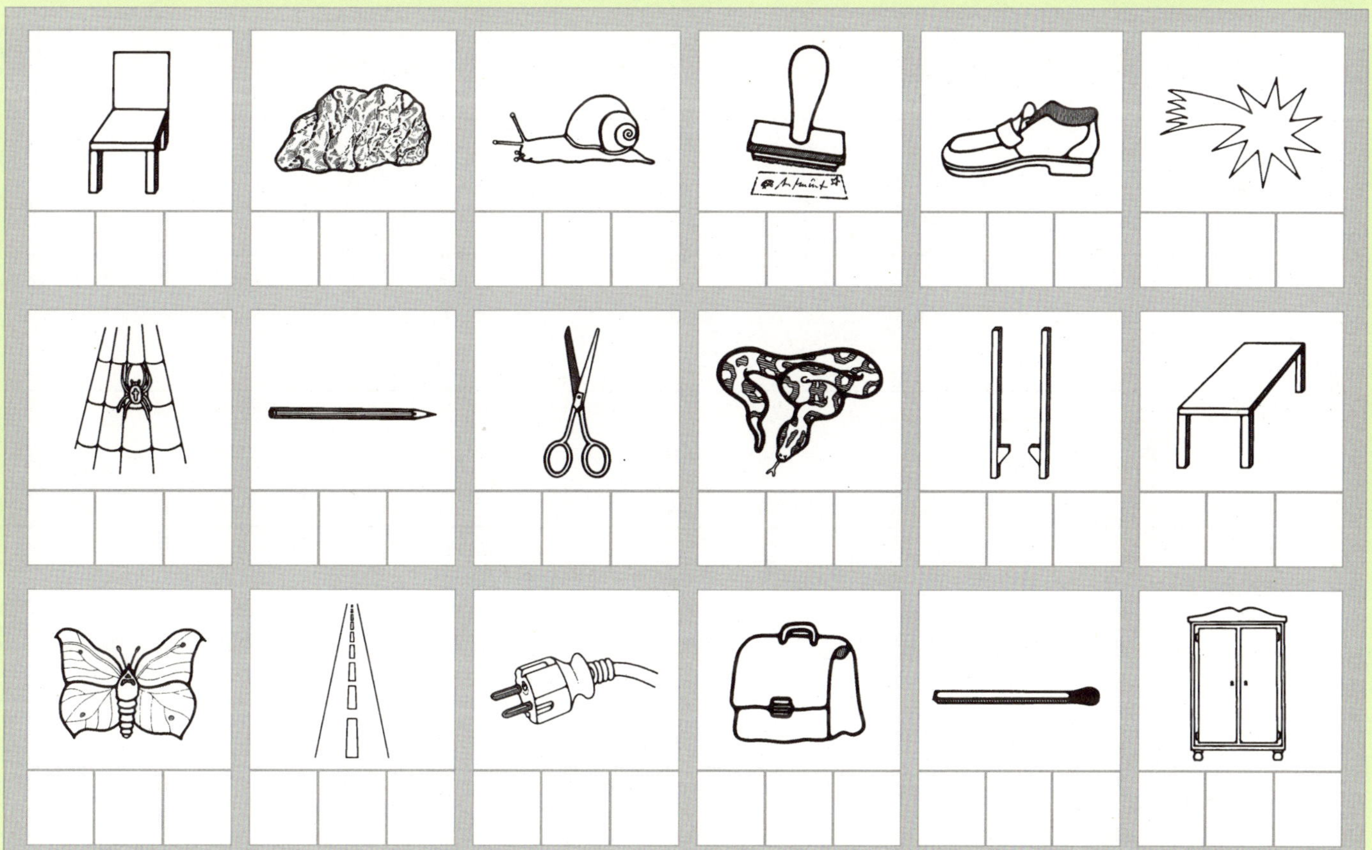

St st St st

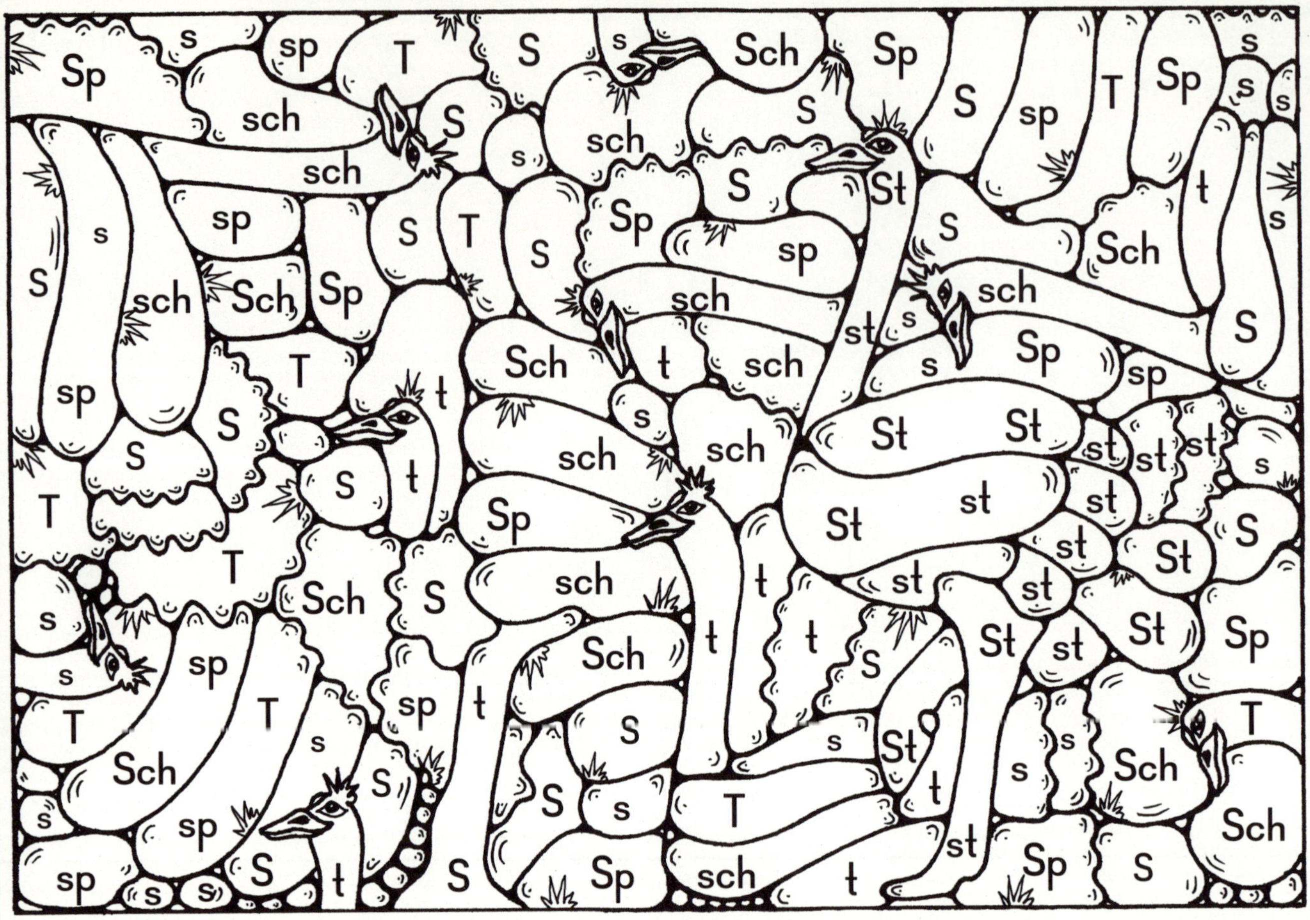

St st St st

 Stern Stern

 Stein Stein

 Stift Stift

P p

Pp

PP P

pp p

Pp Pp

Pp Pp

Pilz Pilz

Pirat Pirat

Opa Opa

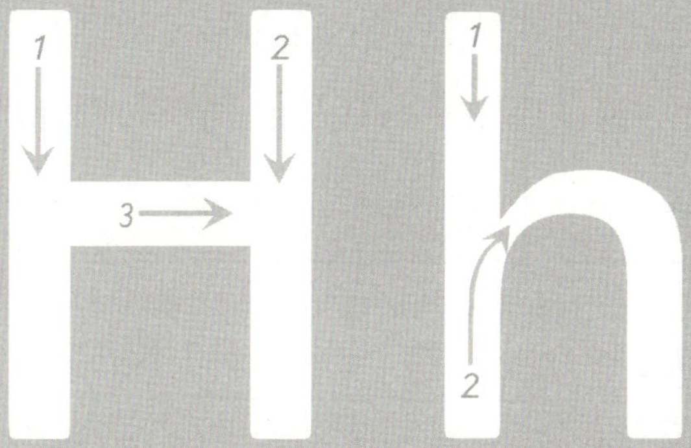

Hh

H H H

h h h

Hh Hh

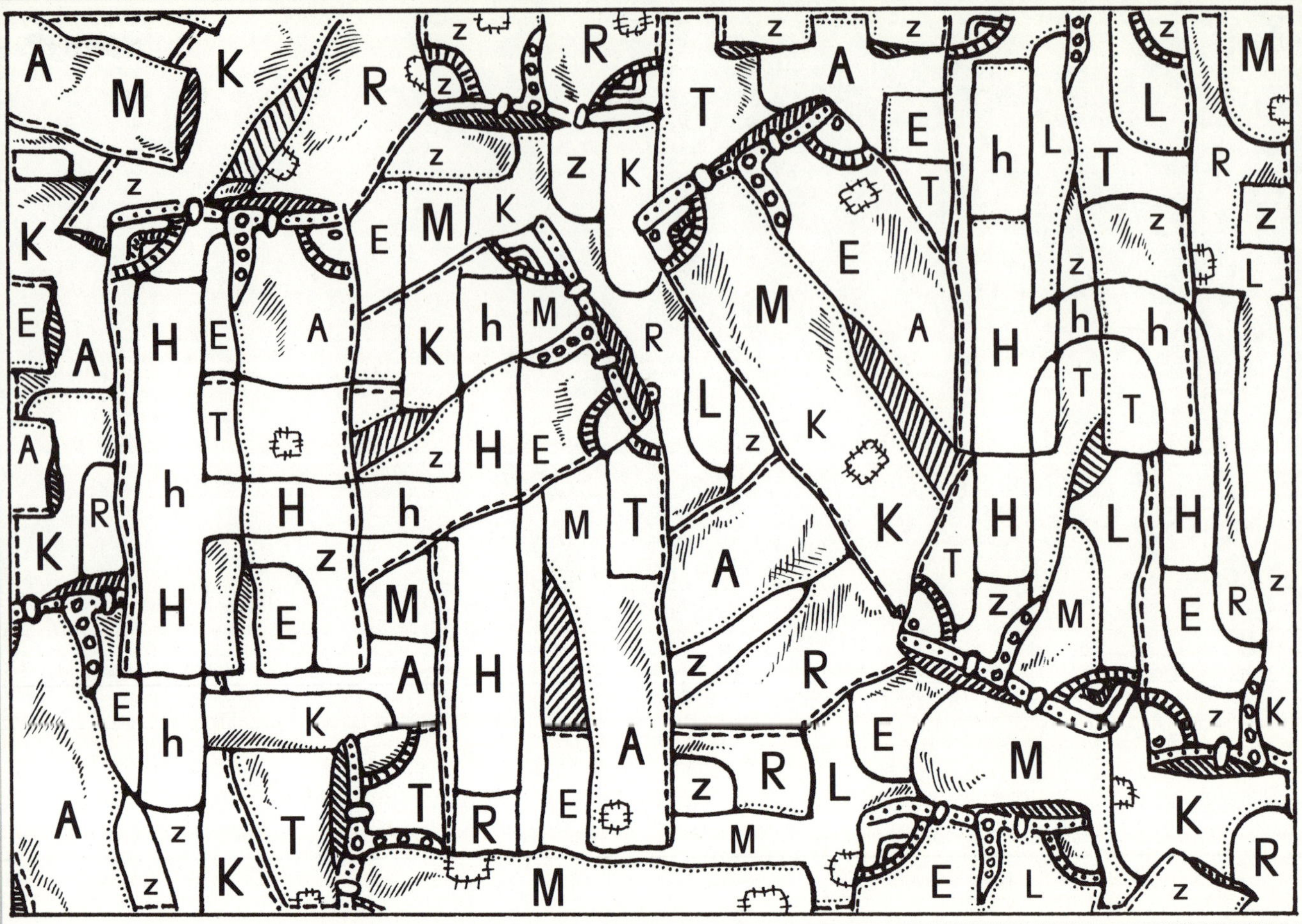

Hh Hh

 Haus Haus

 Hose Hose

 Nashorn Nashorn

Sp
sp

Sp sp

Sp Sp Sp

sp sp sp

Sp sp Sp sp

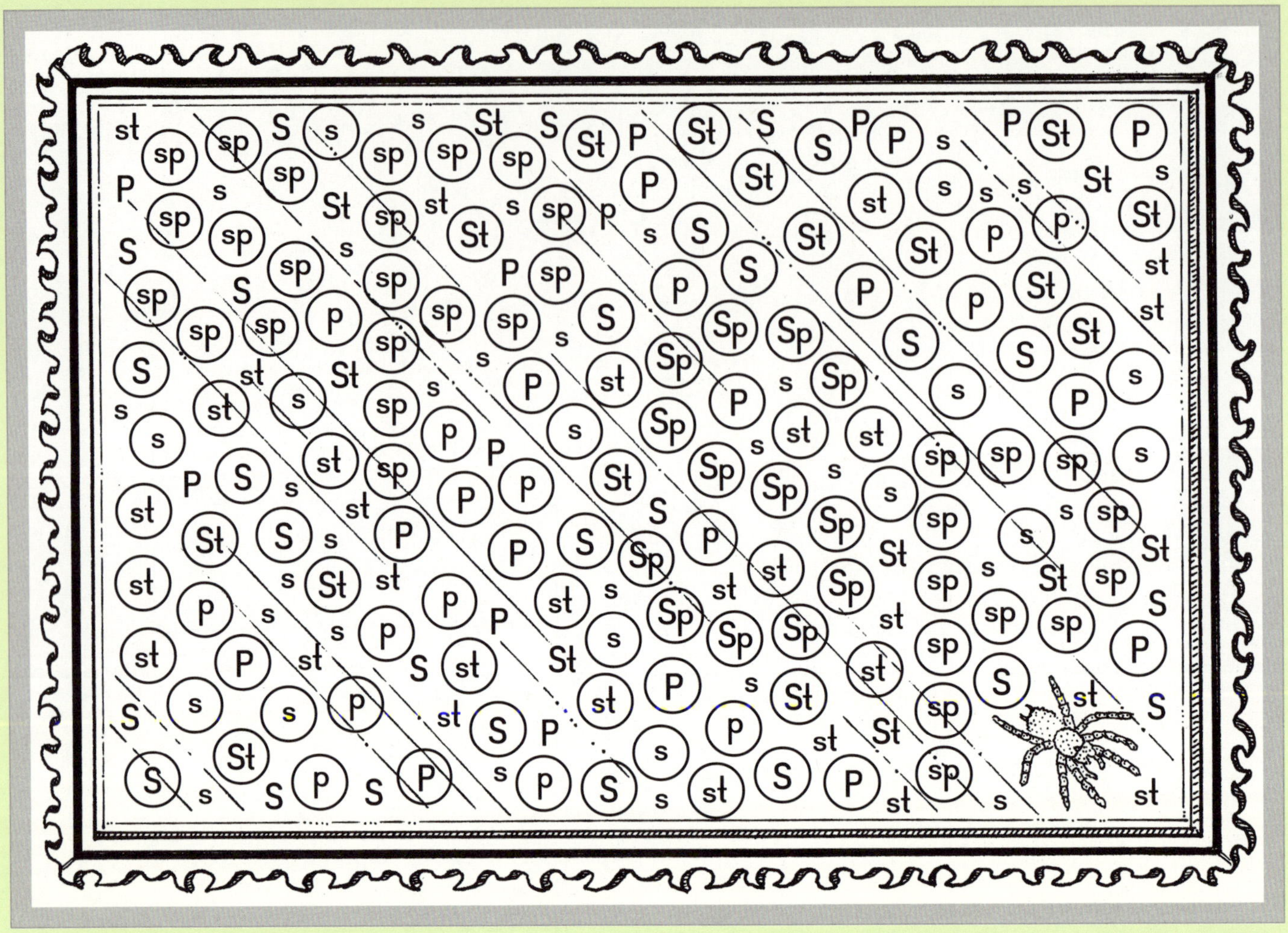

Sp sp Sp sp

 Spur Spur

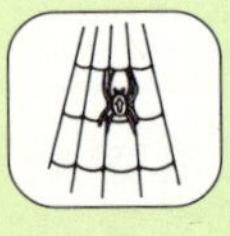 Spinne Spinne

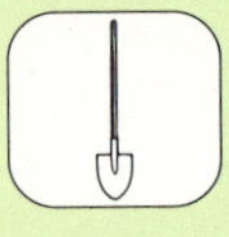 Spaten Spaten

Gg

G g

G G G

g g g

Gg Gg

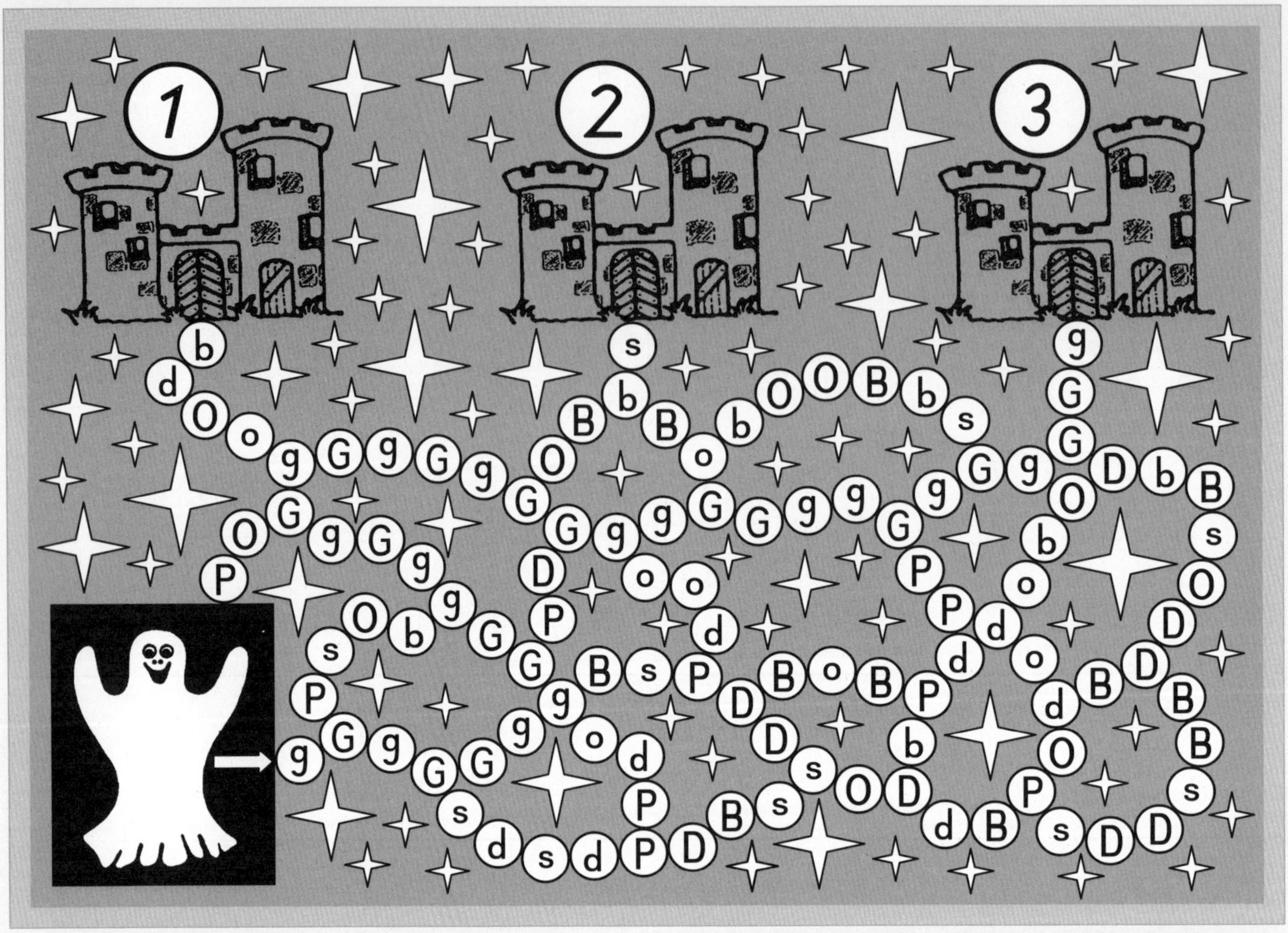

Gg Gg

Glas Glas

Geige Geige

Auge Auge

B b

Bb

BB B

bb b

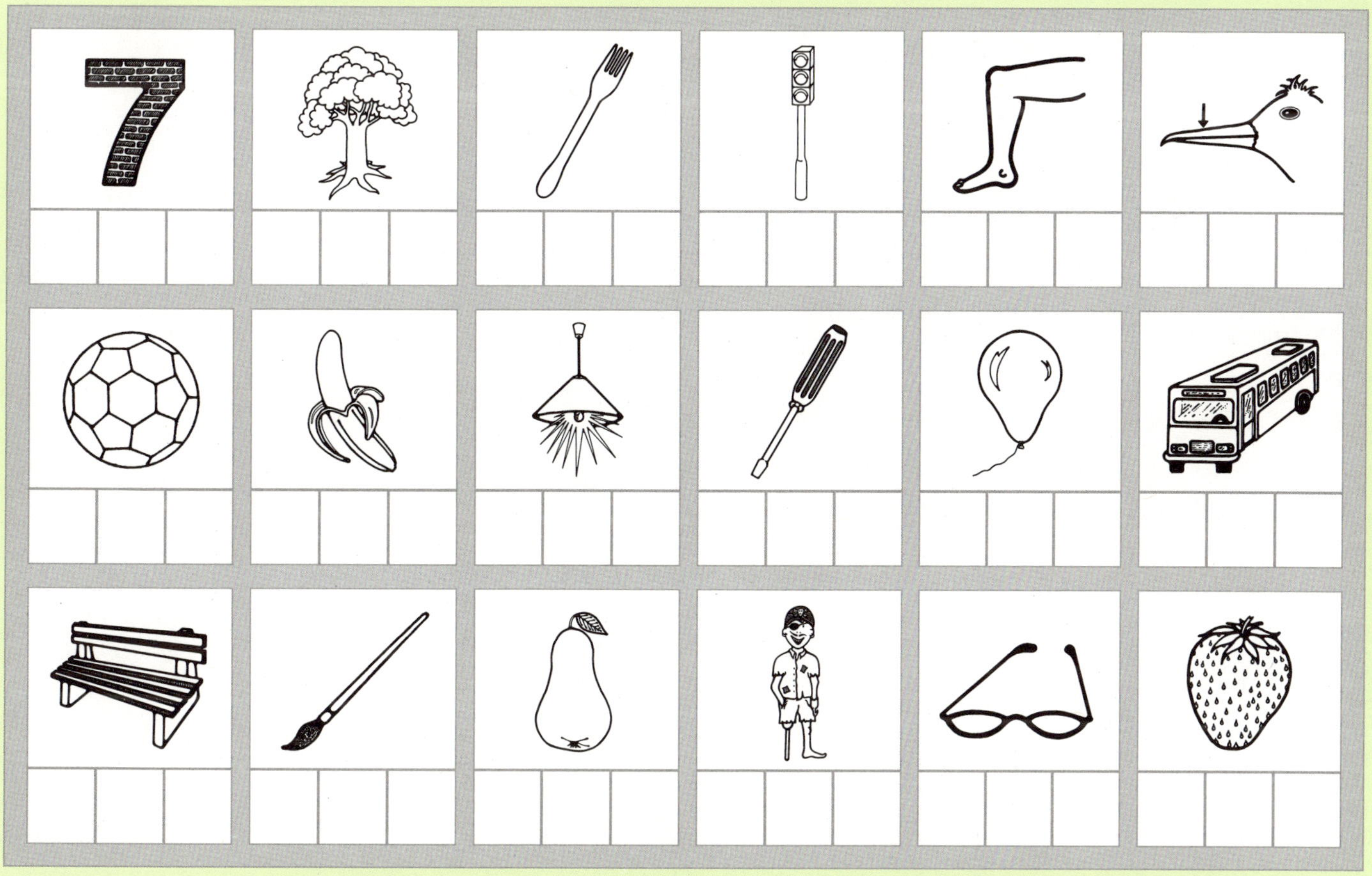

Bb Bb

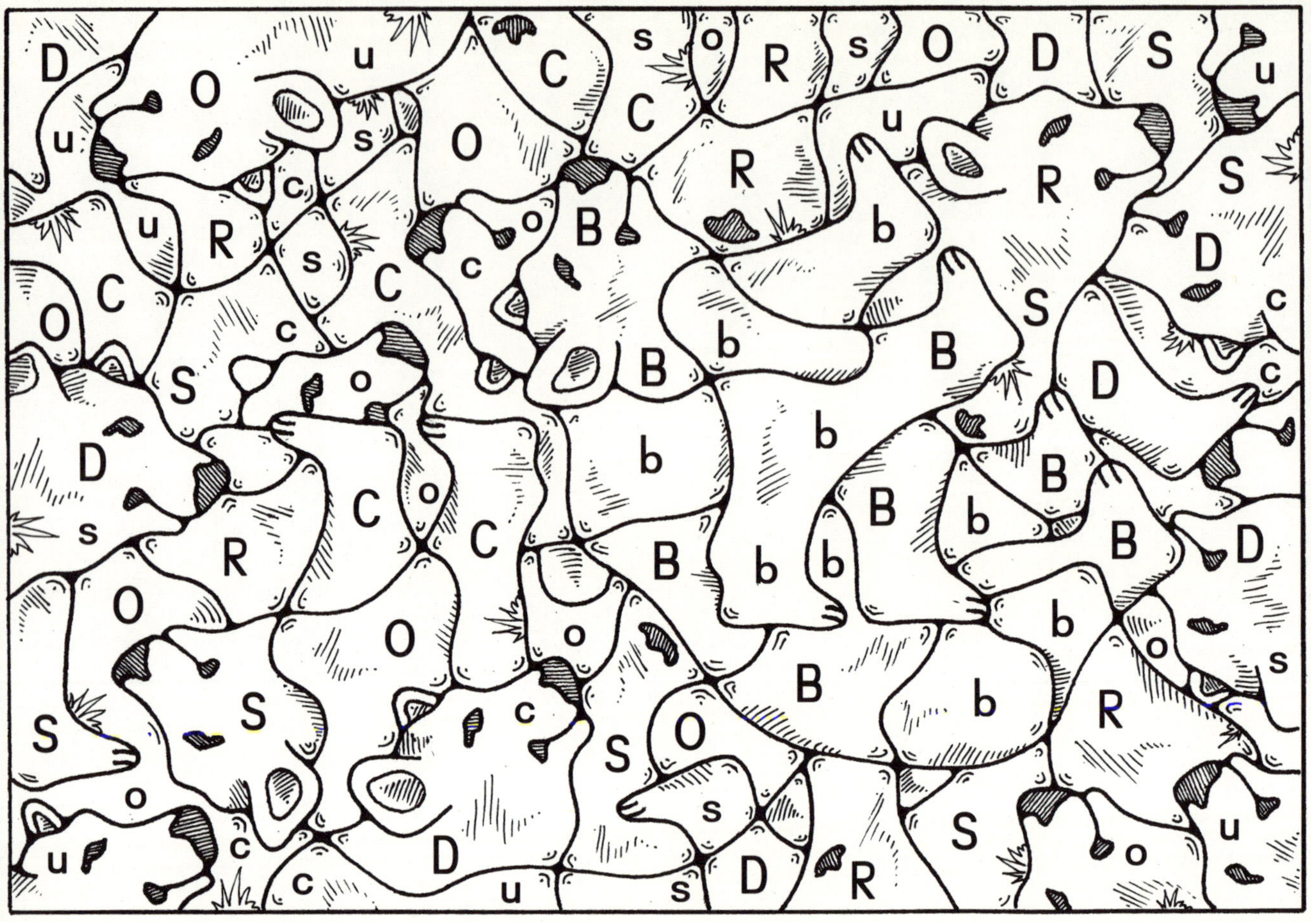

B b B b

Ball Ball

Brot Brot

Rabe Rabe

J j

Jj

J J J

j j j

J j J j

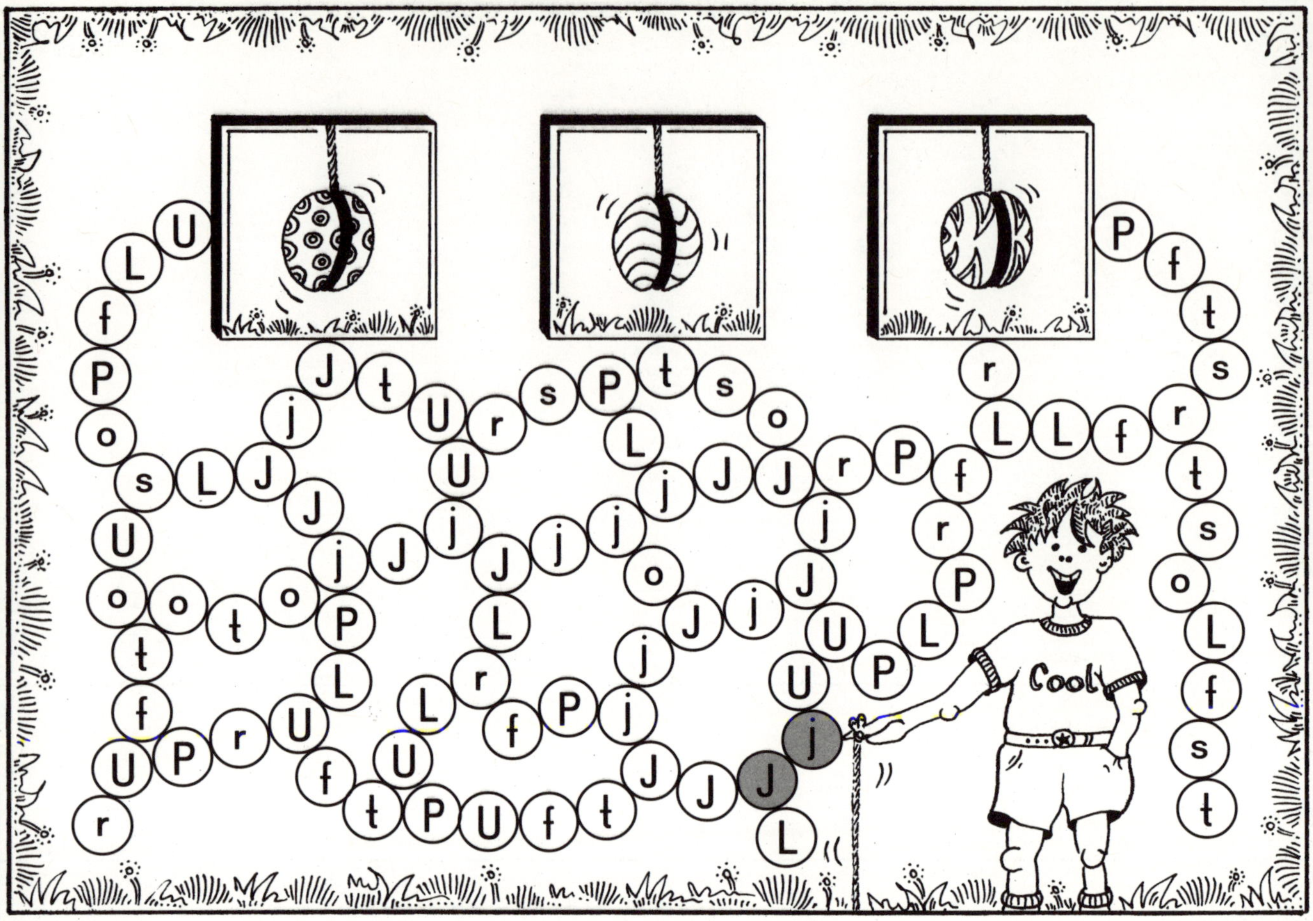

Jj Jj

 Juli Juli

 Jana Jana

 Jo-Jo Jo-Jo

Ü ü

Üü

Ü Ü Ü

ü ü ü

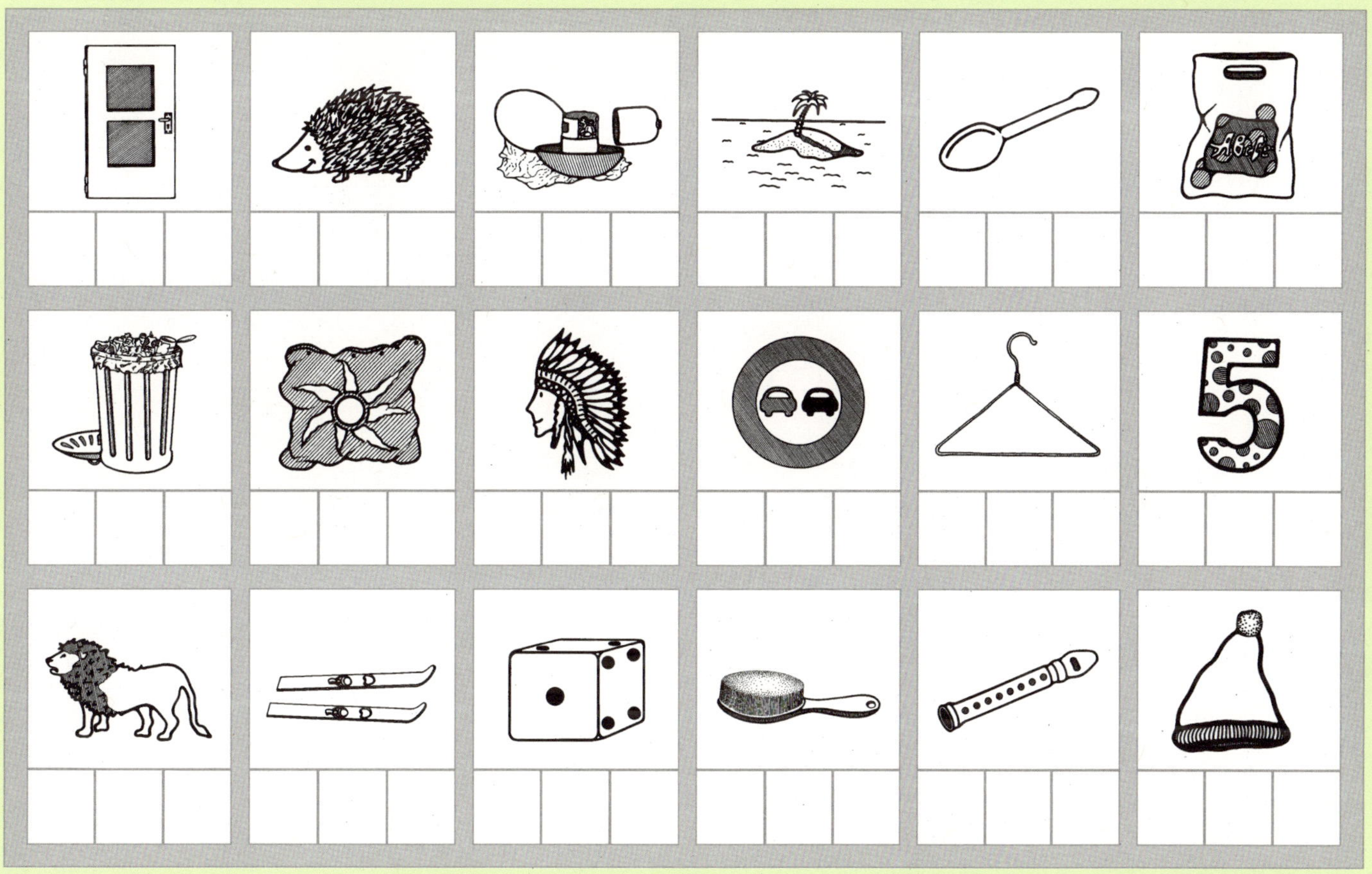

Ü ü Ü ü

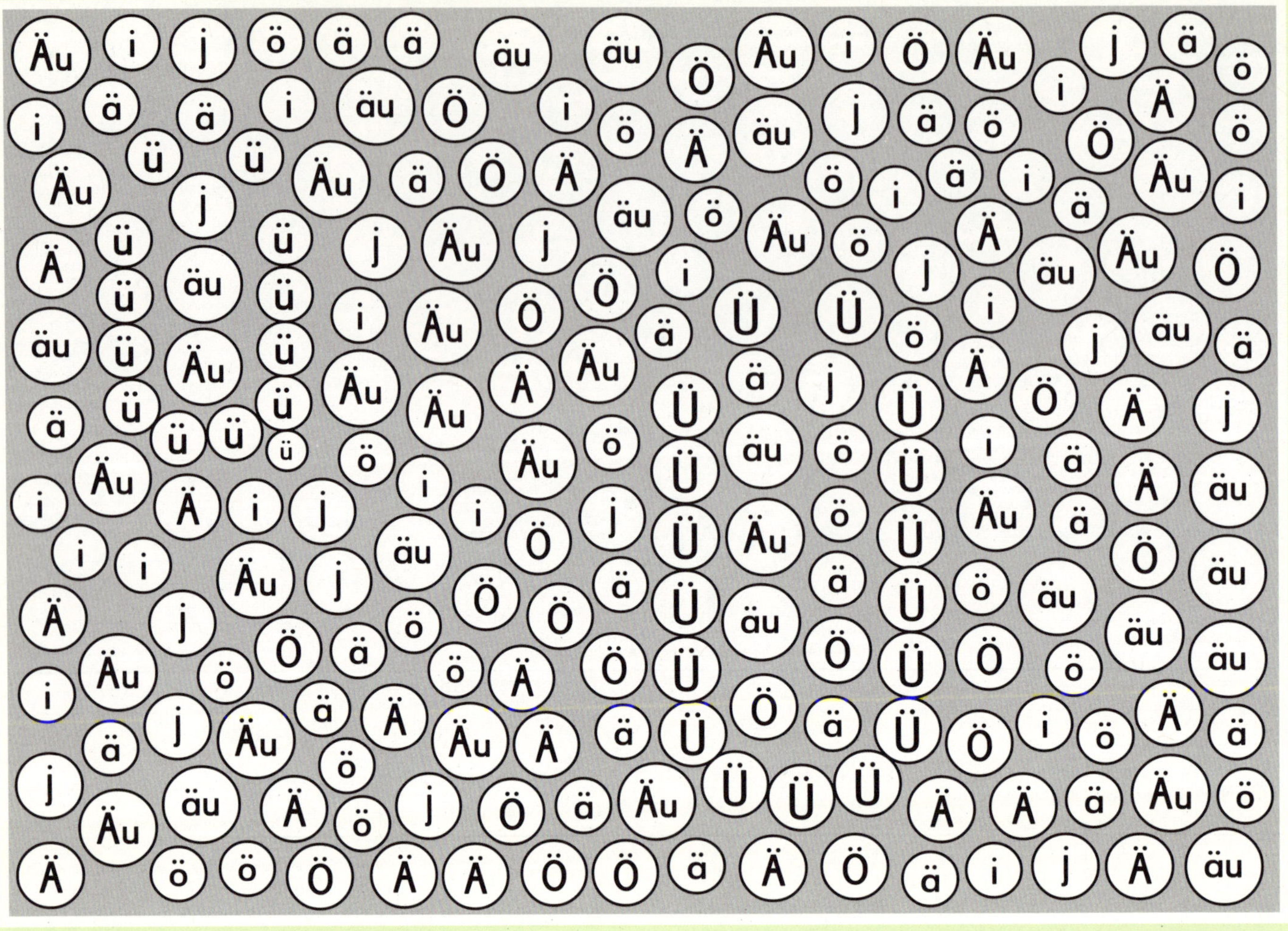

Ü ü Ü ü

 Tür Tür

 Fünf Fünf

 Tüte Tüte

Ö ö

Öö

Ö Ö Ö

ö ö ö

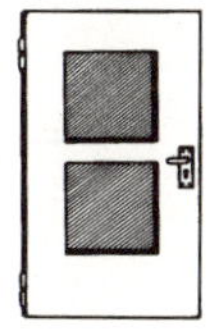

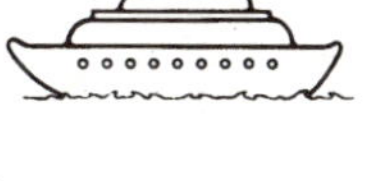

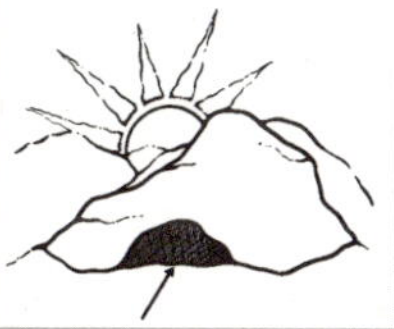

Öö Öö

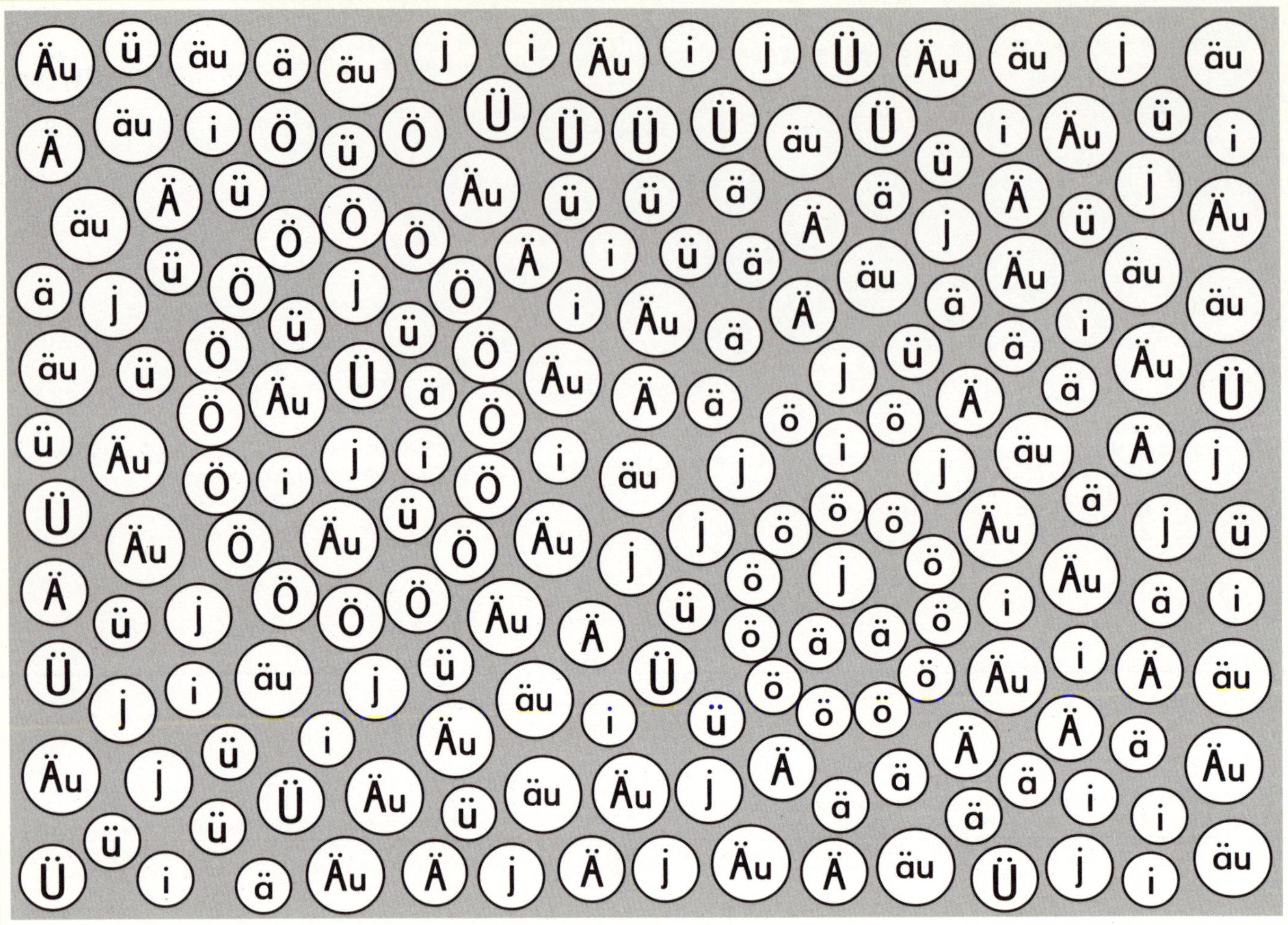

Ö ö Ö ö

Öl Öl

Löwe Löwe

Flöte Flöte

Ch
ch

Ch ch

Ch Ch Ch

ch ch ch

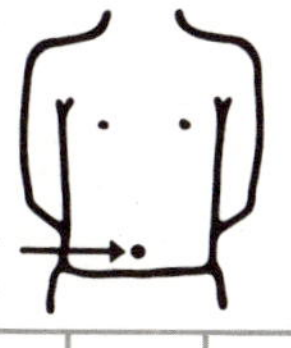     

    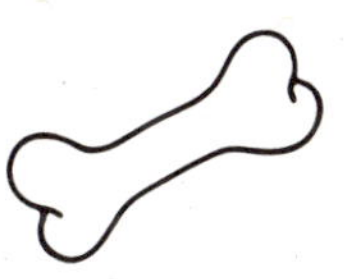 

Ch ch Ch ch

Ch ch Ch ch

China China

Milch Milch

Dach Dach

Pf
pf

Pf pf

Pf Pf Pf

pf pf pf

Pf pf Pf pf

Pf pf Pf pf

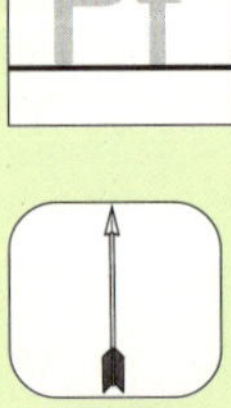 Pfeil Pfeil

 Pfau Pfau

 Zopf Zopf

ng

ng

ng ng ng

ng ng ng

ng ng ng

sch nk st sch au ch eu sp pf eu sch ch ie sch st ch
sp ie ie ch ch st ie pf pf ie ei ie sch st eu sp
ie sp sch nk nk au sch st sp nk ch ie sch pf st ei
sp st eu sch sp ei ch nk ch sch
st nk pf ch st ie st nk ie sch ie pf pf sch
pf sch ch ei pf ng ng ng ei ng ng ng ng nk
sch st au sch nk nk sp ng pf ng ng pf ng st pf
ch pf ie nk ch ei ng ng ng ng sp
ie st ei ei au eu ng sch ng ie ng ng ng nk
pf sch ch eu sch nk ie ie pf pf eu ng sch nk
ei ie eu sch pf pf ch nk sch ng sch ng nk ie au
eu ch pf nk sp ch sch au ch st sch ng ng ng sp ie ei
pf st sch st sch nk pf eu sp ch ie sp sch sp st pf st

ng ng ng

Ring Ring

Junge Junge

Zange Zange

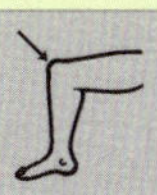

ie

ie ✎

ie ie ie

ie ie ie

ie ie ie

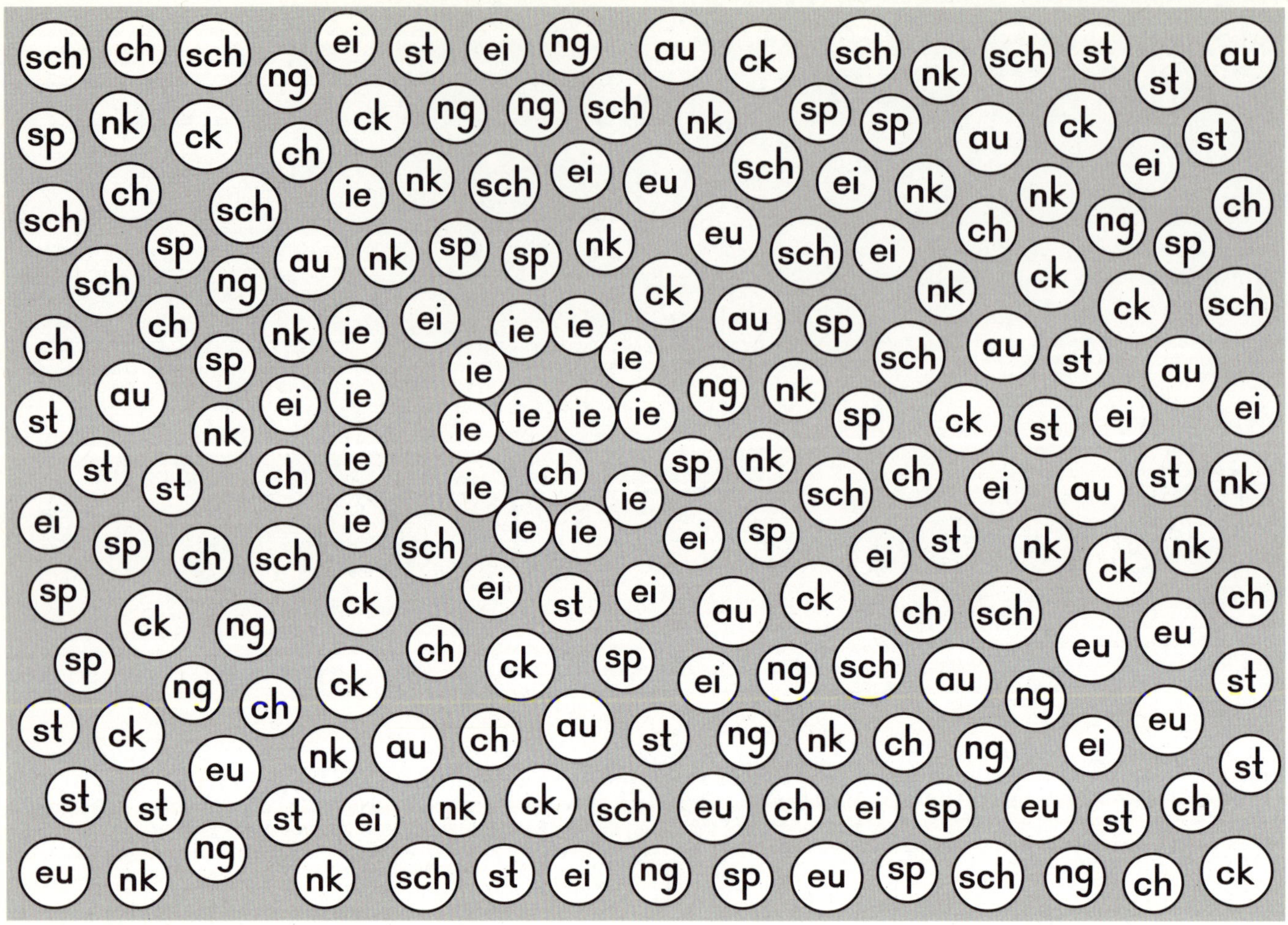

ie ie ie

Knie Knie

Brief Brief

Biene Biene

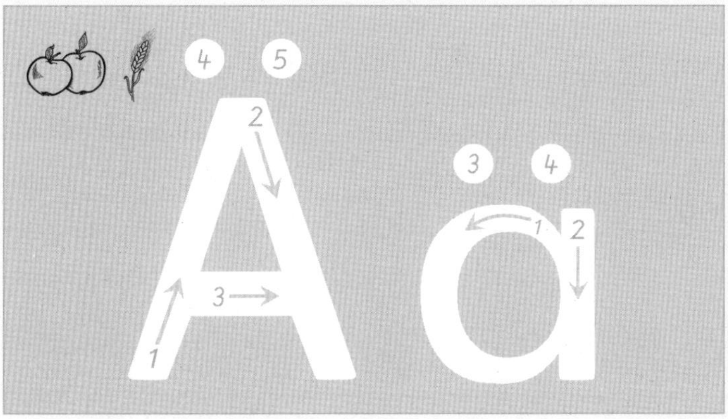

Ä ä

Ä ä

Ä ä

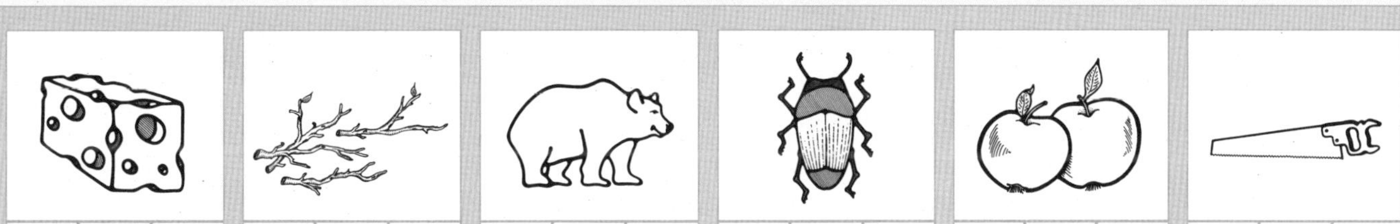

Äpfel Äpfel

Bär Bär

Qu qu

Qu qu

Qu qu

Qu qu

 Qualle Qualle

 Quark Quark

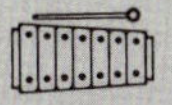

X x

Xx

Xx

Xx

Xx

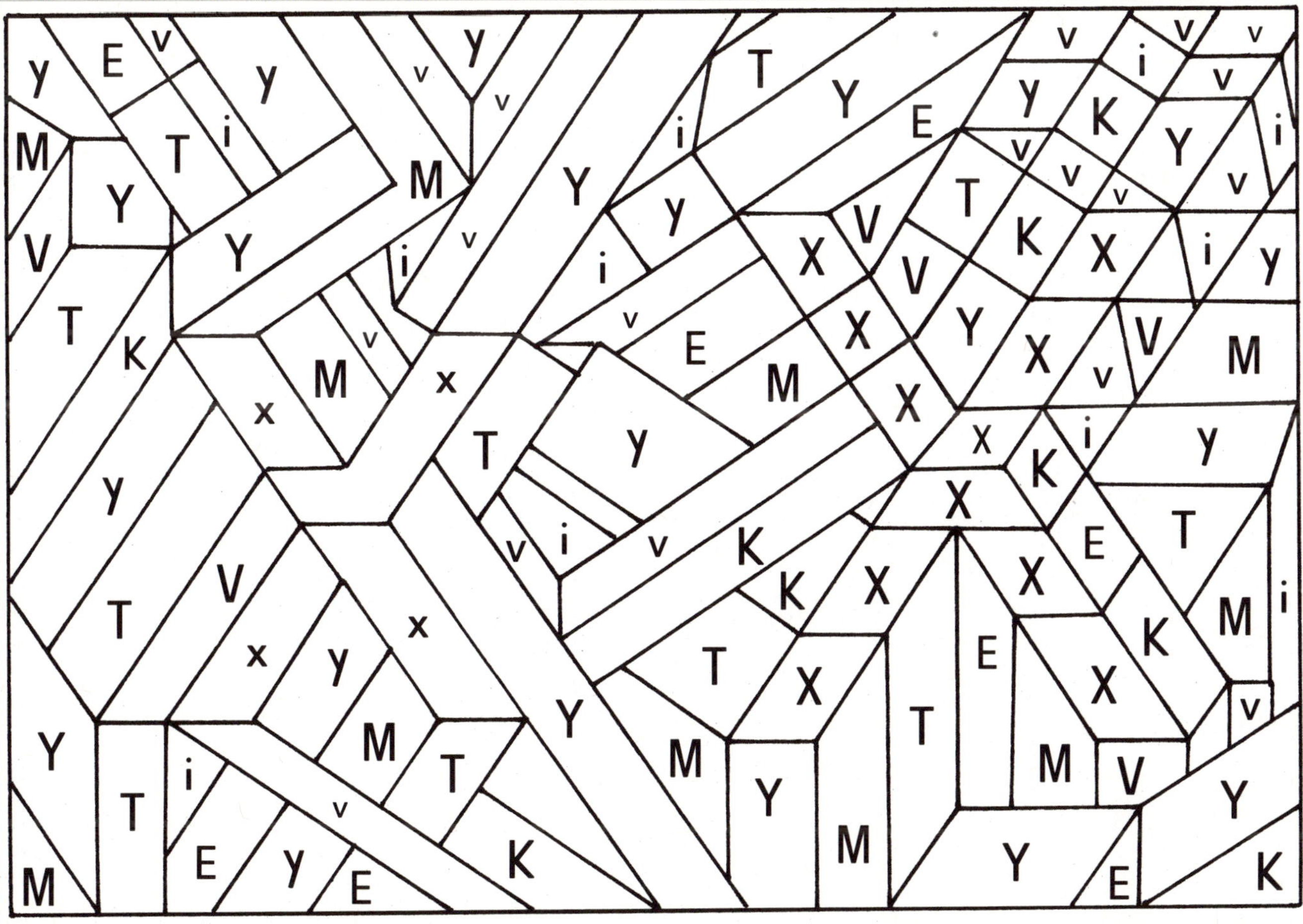

Hexe Hexe

Boxer Boxer

Mixer Mixer

V v

1 2 1 2

V v

V v

V v

V v

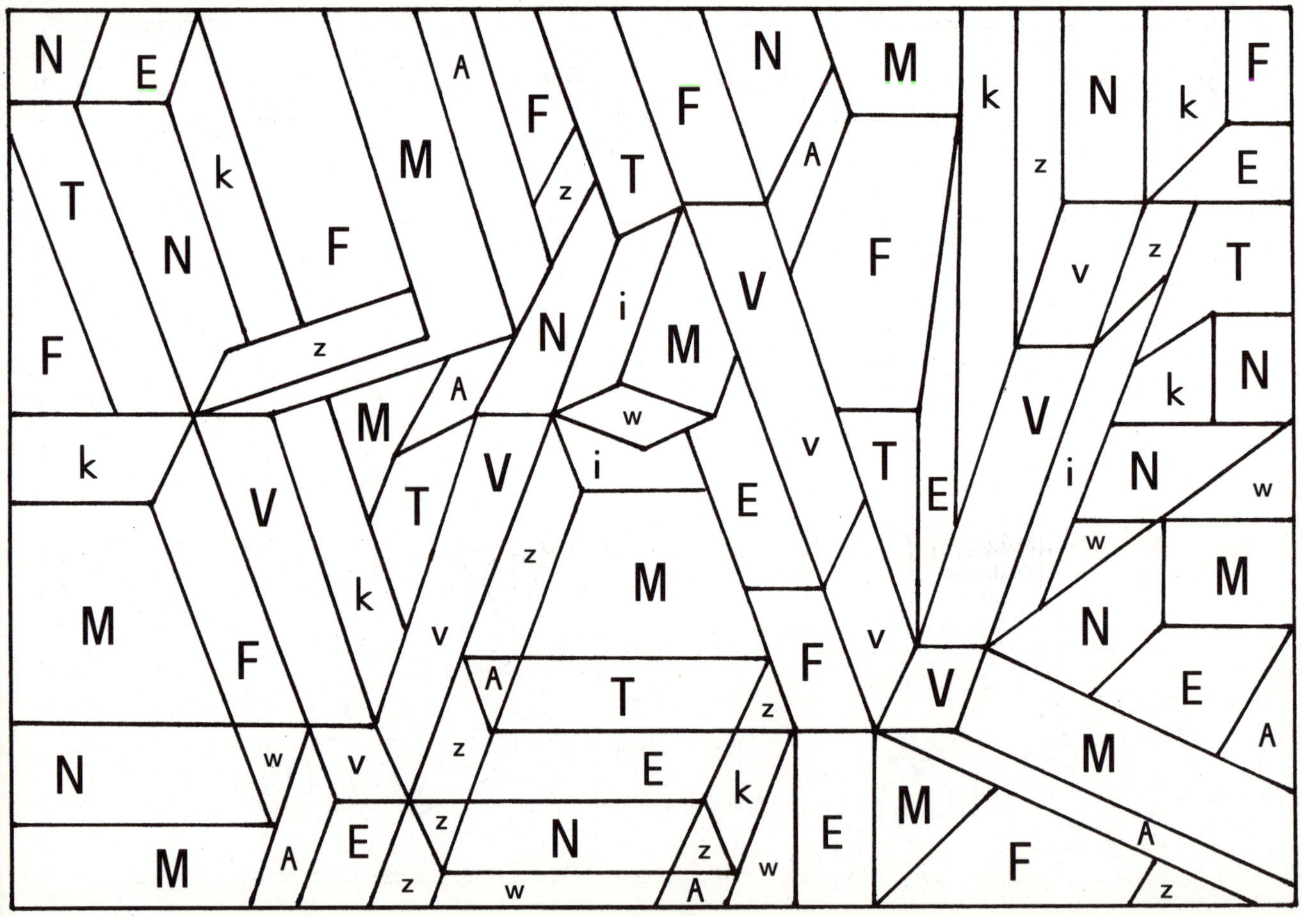

Vogel Vogel

Vase Vase

Vier Vier

Cc

Cc

Cc

Cc

Cc

 Comic Comic

 Clown Clown

 Cent Cent

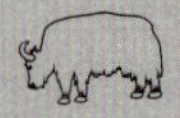

Yy

Yy

Yy

Yy

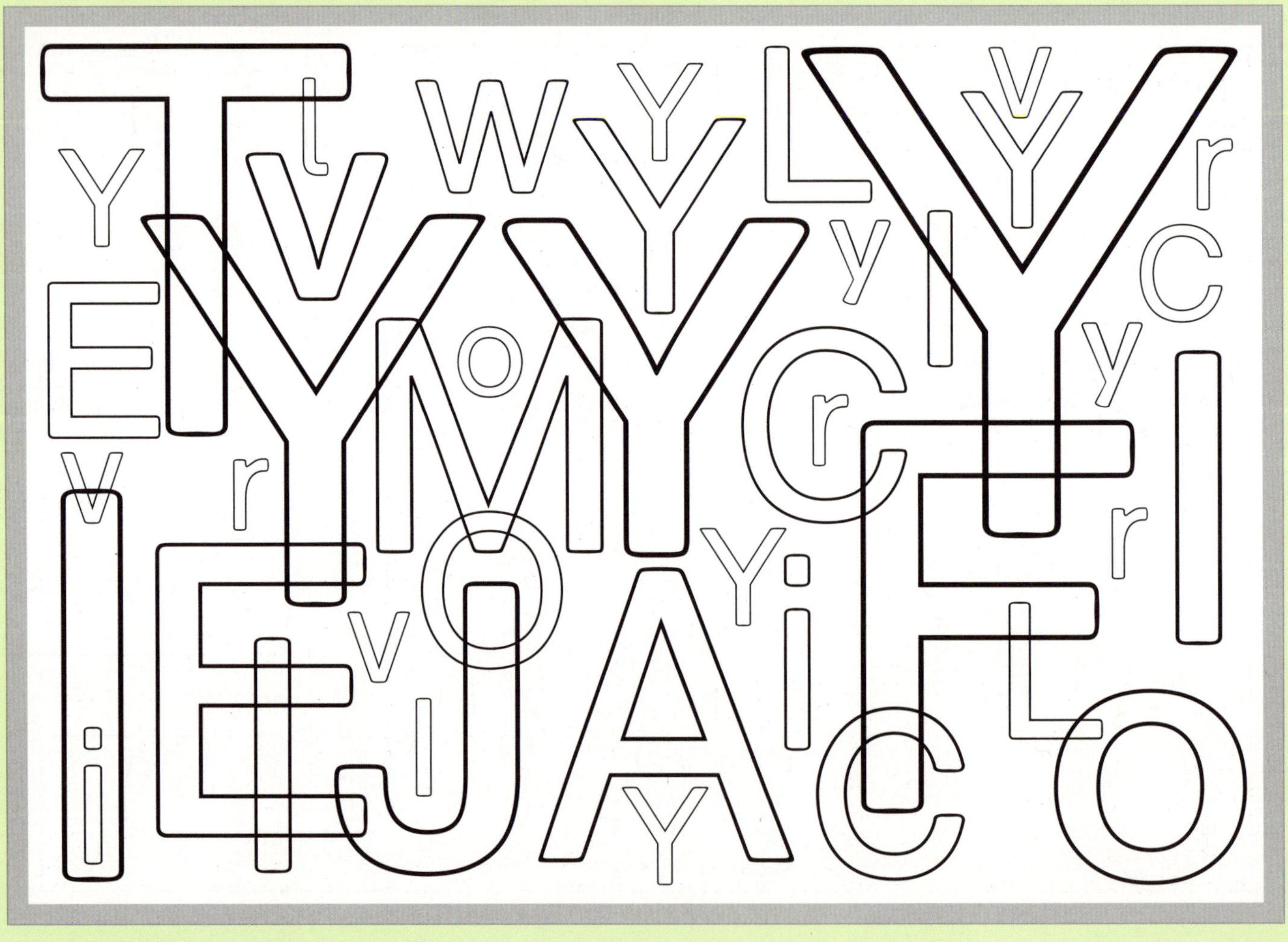

 Yak Yak

 Pony Pony

 Baby Baby

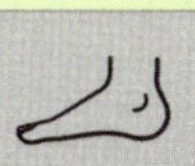

ß

ß

ß

ß

ß

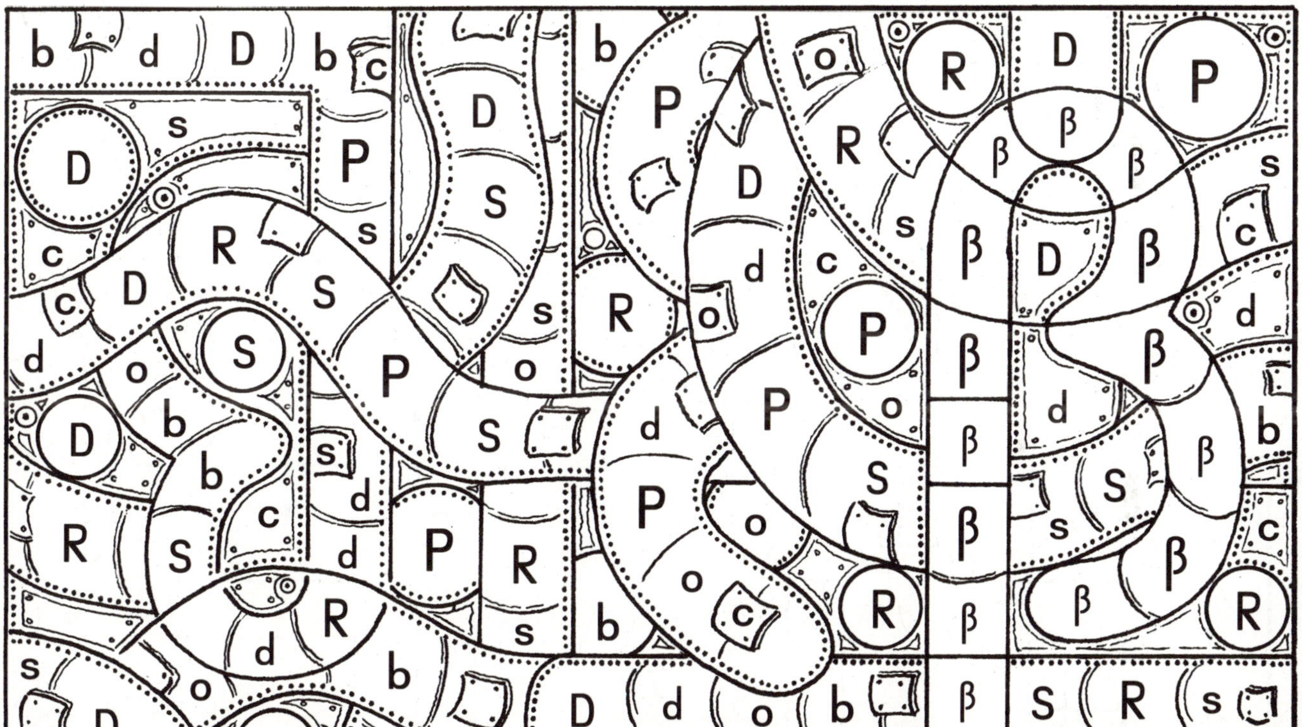

Fuß Fuß

Strauß Strauß

Straße Straße

chs

chs

chs

chs

chs

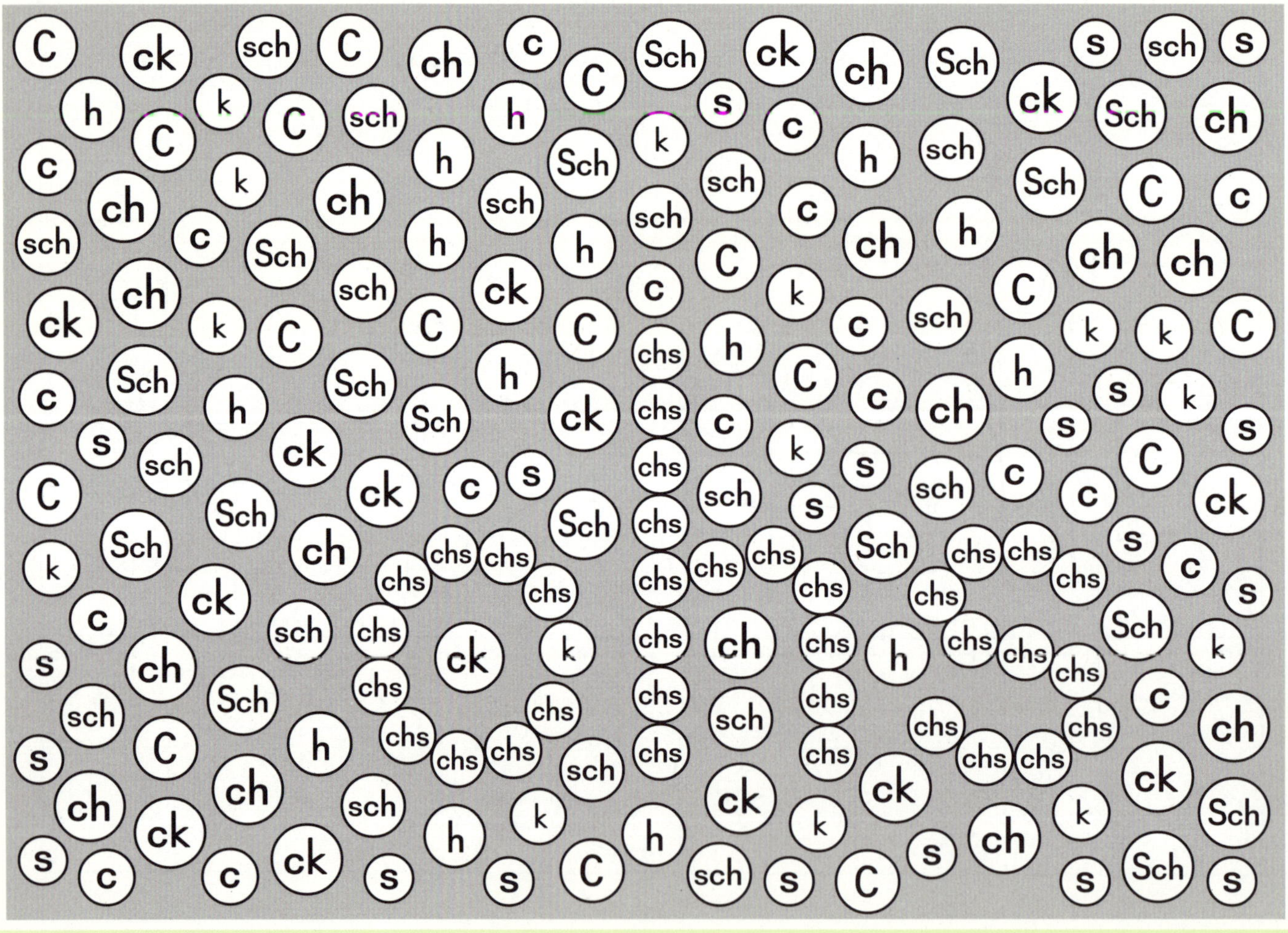

 Fuchs Fuchs

 Dachs Dachs

 Sechs Sechs